一生続ける技術

青木仁志

ACHIEVEMENT PUBLISHING

本書は２０１１年２月に小社より刊行された
単行本を加筆・再編集したものです。

文庫版刊行によせて

人生の目的は幸せになることです。よりよく生きたい。自己実現の人生を歩みたい。そのために何か目標があり、達成のヒントを期待して本書を手に取ってくださったのでしょう。

この本では、続けるテクニック、手法をたくさん紹介しています。ただ、続けるためには心の底からそれを望んでいるかどうかが一番大切だと伝えています。なぜなら、続けるとは、ある1つの事柄に思考と行動を集中させることだからです。

あなたが求めているものはなんですか？

お金が欲しい、出世したい、有名になりたい、世界中を旅行したい、すてきな異性と結婚したい、セレブな生活をしたい……。ほかにもたくさん挙がるでしょう。

「大金持ちになることが人生の大目標だ！」なんて、いやでしょうか？

「出世することが生きる目的です！」と言い切り、それだけを考えて、行動できるでしょうか？

もし違和感があれば、あなたの真の願望ではないのでしょう。周りからどう見られるのかを気にしているだけなのかもしれません。

心の底から「お金持ちになりたい！」と望んでいるのであれば、お金を目標に生きたほうが続きます。どうしたら儲かるかを四六時中考えられるからです。願望にあるものは自然と続きます。だから、まずはこの本で、自分の願望を知ってもらいます。

続けられる人、続けられない人

人間は感情の生き物です。お金持ちになりたいという願望も、成功者として見られたい、優越感を味わいたい、お金の心配をなくしたい、ゆとりある生活を味わいたいといった、快適感情を期待しているだけなのかもしれません。

続けることも同じです。今、あなたが達成したいと思っている目標は、その先にある快適感情を手にするためのものです。ただ楽しそうなこと、おもしろそうなこと、楽なこと、今すぐ自分の欲求を満たしてくれそうなものが突如現れて、私たちは感情に流されます。目の前にある快適感情に飛びついてしまい、続かなくなります。

こうして「若いときに英語を学んでおけば……」「もっと早くに資格の勉強に取り組んでおけば……」と、後悔することになります。

どんな分野でも一流と言われる人たちは、なぜ努力を重ねられるのでしょうか。

天才で何をやってもうまくできるから？
努力の才能があったから？
周りとの競争が激しいから？

大活躍した達成感を知っているから？

評判を落とせないから？

理由はたくさん考えられます。ただ本質的な要素はこれだけ。「成果に素直」だからです。

「そこまでやる必要がありますか？」

我の強い人はこう考えます。そして行動が止まります。裏を返せば、そこまでして頑張りたくないのです。

物事を成し遂げるには時間がかかるものです。目標を達成するためには、思考と行動を集中させた積み上げが必要です。ほんとうに成果を出したいという気持ちの強い人間は、己の考えよりも成果に目が向いています。

本書では、このような続けることの本質に触れていきます。「なぜ続けたいのか？」を掘り下げて、自分自身がほんとうに続けたいことを明確にするきっかけにしてもらえればさいわいです。

そのうえで、後半に記載した続けるテクニックを生かせば、より満たされた毎日を歩めるでしょう。

継続をテーマに、今日がより充実した人生のスタートになることを願っています。

はじめに

選択を間違えているから続けられない⁉

何をやっても続かないのは、自分の意思が弱いから……。

ほとんどの人が、続けられない一番の理由を「意思の弱さ」と考えているようです。

はたして本当にそうでしょうか？

まず、能力開発のプロとしてあなたに伝えたいことは、続けることは決して難しくはないということです。

研修トレーニングはある意味では、人のできない、続けられないという願望との戦いとも言えます。

どんなに変わりたい、成果を出したいと研修中に話していても、いままでのスタイルを変えることには誰しも抵抗感をおぼえます。また、ひとたび研修を終えれば、日々のさまざまな誘惑に流されてしまうのが人間です。

私は人材育成のトレーナーとして、これまで34万人以上に研修を提供してきました。

能力開発の道を一筋に歩むなかで、何よりもお客様に研修の学びを実感していただき、繰り返し、足を運んでもらうことを追求してきました。

研修によって人が突然変わるわけではありません。学びを実践することで、考え方が徐々に変わり、行動が変化してきます。すると、周りで起こる現象や付き合う人たちが変わってくるのです。

そこで研修効果を定着させる方法として、私なりに導き出した答えが、心理学を応用した願望を明確にする技術です。願望を貼り替えないかぎり、研修で学んだことは、まず日常生活で実践されません。これが〝続ける秘訣〟です。

いままで何度も同じような失敗を繰り返してきて、続けられないと思い込んでいる人は、決して意思の力が弱いのではありません。「願望」の選び方、つまり目的や目標の決め方を知らなかっただけなのです。

願望は強い、意思は弱い。

私は、戦略的目標達成プログラム『頂点への道』講座のトレーナーとして、25年間一度も休まずに６３０回以上開催してきました。

じつは、この講座は、自発的に始めたものではありませんでした。失敗からスタートしたのです。

現在、経営する人材教育コンサルティング会社を創業した当初、横綱千代の富士関の引退記念として成功の秘訣を教材として商品化する機会に恵まれました。マスコミに大きく取り上げられたこともあり、大量に制作したものの、いざ発表してみるとまったく売れずに1億5000万円分もの在庫を抱えてしまったのです。

3000セットの在庫を目の前にして「そうだ。何でもやらなきゃ。何でもやらなきゃ」と、継続というより朝から晩まで必死に働いて、毎月300万円〜400万円の手形を決済する生活を5年間続けました。

そのときに実践したのが、巻末に載せた〝1枚の紙で自分の思考と行動をコントロールする〟方法です。自分の望むこと、実現に向けてやらなければならないことを明確にすれば挫折しにくくなります。当時は自分のすべてを在庫をなくすことに注ぎました。

〝目標に焦点を合わせる技術〟と〝最優先の事柄に集中する力〟。このふたつで私は自分の道を切り拓いてきました。『頂点への道』講座も続けるというより、あきらめなかったことが継続につながっているのかもしれません。

いまでこそ、研修トレーナーとして能力開発の術《すべ》をお伝えしていますが、それ以前には、セールスマン、セールスマネジャーとして伝える技術を磨いてきたキャリアがあったからこそ、今の職業も好きになれました。裏を返せば嫌いなことは努力はするものの続いていません。どんな人でも、意思と願望がぶつかりあったら大抵は願望が勝ちます。誰でも願望を優先して生きているからです。

私も若いころは大変な飽き性で、仕事に慣れてくるとすぐにやめてしまい、定職にもつかず、喫茶店のボーイやバーテンダーなどのアルバイトを転々としながら過ごす日々でした。

続けるためには、まず自分が打ち込めるものを探すところから始めましょう。努力することよりも〝正しい選択をすること〟が必要でしょう。「続ける力」を養っていくための大切な考え方です。このことは2章で詳しく述べていきます。

続かないのは本当にやりたいこと（願望）に出会っていないだけ

自分が心の底から求めているものに出会えれば、必ず続けられます。続ける力は願望優先なのです。

あなたが続けられないことに悩んでいるとしたら、きっとそれは本当にやりたいことに出会えていないからでしょう。誰でも自分の好きなことは続けられますが、嫌いなことは途中で投げ出したくなります。みんな一緒です。

では、「やりたいことがない、楽しいことがない」という人は、何から始めればよいのでしょうか。

本書では、思考と行動をコントロールする技術に加え、〝願望を見つける方法〟もご紹介していきます。

続けていれば強くなれる

はじめから本当に好きなこと、興味深いことに巡り会える人は幸運です。ほとんどの人は自分がやりたいこと、本当にもとめているものがわからないのではないでしょうか?

私もいまの会社を経営する前に一度起業に失敗しています。そして、借金返済のために英語教材のフルコミッションセールスの世界に入りました。ところが最初はセールスが好きになれませんでした。入社して1ヵ月間は1件もご契約をしていただけませんでした。本気でやめようと思っていたところを上司のマネジャーに励まされて、なんとか続けられたのです。

続けることは、やがて力になっていきます。私よりも優秀なセールスマンは山ほどいました。しかし、ほとんどがドロップアウトしていきました。良いマーケットを選ぶ、1日3人のアポイントを取って面会する。当然うまくいかない日もありましたが、このふたつに集中することで、トップセールスになることができました。前述したように『頂点への道』講座も自分の意思から始めたことではありませんが、在庫をなくすことに注力して続いていました。

結果的に続けることができたのは、セールスや研修トレーナーという仕事が、ある時点で面白くなったからだと思います。ずっとつまらない仕事だったら、とっくにやめて別の仕事をしているはずです。

仕事が面白くなった理由は、いくつもありますが、一番大切なことは〝主体性〟です。〝自分から進んで〟とことんやってみると、小さな達成感を味わえたり、周りの人から励まされたり、感謝されたりします。これが続けるエネルギー源になります。続けるだけの価値を感じられると、自然と自分の中に続ける意味を見出せるからです。

「続ける」とは、この繰り返しです。

最初はあまり興味がなかったこともどんどん面白くなっていき、気がついたらずっと続いていた、なんてことになります。

もちろん、何もないところから火をおこすのと同じでスタートは非常に苦労します。だからこそ、続けるためには準備が肝心です。その方法は、

3章で述べていきます。

よく考えてみてください。意識して続けることができるのは人間だけです。ほかの動物は、本能の赴くままに行動するだけです。でも人間は、願望にあれば、はじめは面白くないと感じるものでもやってみることができます。実践しながら習慣にできれば、前述した続けるためのエネルギーがどんどん湧いてきます。そこで継続するための工夫を4章以降でご紹介していきます。

自分で自分に「イエス」を出す

誰でも自分の望んだ生き方ができます。継続の人生を送るための土台となる考え方です。それは、いまの自分を肯定的に受け入れることから始まります。

あなたは続けられる人間になれますか？

まずは自分で自分に「イエス」を出してあげてください。自分が望んだ生き方をするためには、まず自分から「なれる」と信じてみてください。

この本には、継続力のまったくなかった私が実践して効果のあったテクニックをふんだんに盛り込みました。さらに、継続力のある人の考え方や姿勢についても触れていきます。技術だけではなく、続けていく思考を養うヒントになればさいわいです。

本書に書かれていることは、ビジネス書や自己啓発書を数多く読まれている方にとっては、当たり前のことばかりかもしれません。

しかし、すべて実際に私が取り組み、能力開発のプロとして、いまも年間2万人以上の方々に自信をもってお伝えしていることをまとめました。納得したことは、ひとつでもかまいません。ぜひ実行してみてください。

続けることは、人を強くします。

本書の内容を実践していただければ、あなた自身の「続ける力」がそのことを実感させてくれるでしょう。

目次

第2章

続けるための原点
自分の「願望」を明確にする

第3章

続けるプランづくりのアイデア

第4章 続けるテクニック①〈姿勢・取り組み〉

文庫版新章

自分の人生をコントロールする技術

巻末付録

第1章

人はなぜ続けられないのか？

快適感情が人を動かす

挫折の正体は「快適感情」

最初に人は、なぜ続けられないのかについてお話ししていきましょう。

元々、人には引き延ばしをする傾向があります。頭では「やらなきゃな……」と思っていても、「まあいいか、あとでやれば」とついつい先送りにしてしまう。こうした経験は誰にでもあるでしょう。

しかし、これを繰り返していると、いつの間にか習慣になってしまいます。これを〝遅疑の癖〟と言います。

では、なぜ人は先延ばしにしたり、後回しにしたりするのでしょうか？

大きな鍵を握っているのが「快適感情」です。この快適感情こそ、研修効果をいかに定着させるかを追求してきたトレーナーとしての最大の研究テーマだと言えます。

快適感情とは、ある物事に対して私たちが感じる「快い」気持ちのことです。うれしい、楽しい、気持ちいい、面白い、おいしいといった心地よさがありますね。これらはすべて快適感情の一種です。その快適感情が「続ける」ことにどう関係してくるのか？　わかりやすい例を挙げてみましょう。

女性であれば一度はダイエットに挑戦し、挫折してしまったという経験はないでしょうか？

科学的に見れば、やせるなんて簡単です。カロリーをコントロールすればいいだけですから。でも、現実はうまくいきません。なぜでしょう?

その答えは、快適感情です。

人間の行動には、必ずなんらかの目的があります。目的とは快適感情です。人間は快適感情に向かって行動する生き物なのです。私の研修の基礎になっている選択理論という心理学で言えば、人間は遺伝子に組み込まれた欲求を満たすために、それを得たときに快適感情を引き起こすであろうイメージに向かって行動していきます。

ダイエットの場合は、大きく分けてふたつの快適感情を伴います。ひとつは「食べたい」という快適感情。もうひとつは「スリムになりたい」という快適感情です。

これらふたつの快適感情を、「今」の快適感情（食べたい）と、「未来」の快適感情（やせたい）と呼ぶことにしましょう。

当然、ダイエットを続けられるのは、「未来」の快適感情を選んだ人だけです。続かないのは、気合や根性が足りないからではありません。ダイエットにこだわることができないからです。やせることがそれほど好きではないということでしょう。

端的に言えば、「ほかにしたいこと」を優先しているのです。これは願望ですから、意思の力で乗り越えようとするのは無謀です。

いつも「今」の快適感情を優先してしまう人は、何事も楽なほうへと流されるようになります。ダイエットについても、じつは無意識下では、多少太っても困らないと思っています。

忌憚《きたん》なく表現すれば、面倒くさいのです。もちろん、色々なチャレンジはするでしょうが、そこまで深く自分の願望に目を向けていません。食べることを差し置いてまでダイエットをしたくないのです。これではもちろん続きません。

ダイエットに失敗する人は、将来やせることよりも、今食べることを優先してしまいました。見方を変えれば、やせることよりも食べることに対する願望が強かったと言えます。

人は、苦と楽があれば楽を、苦痛と快感があれば快感を選びます。しかし、同じ楽でも目の前の快適感情より将来得られるであろう快適感情を選ぶこともできます。

そこで、「今」(食べたい)よりも「未来」(やせたい)の快適感情を選べるようになるためにはどうしたらよいのでしょうか?

答えは、自分の中に食べることよりもやせることを優先する、より強い「願望」をもつことにあります。自分にとってダイエットする意味を見出せれば、「未来」の快適感情を選べるようになるからです。詳しいことは次章で述べていきます。

大好きなことは続けられる

人は、自分が心の底から求めているもの（願望）にあるものならば、自然と続けることができます。自分の大好きなことを思い浮かべてみてください。とくに意識しなくても、自然と続いていますよね。

私もいまの仕事をずっと無理して続けてきたわけではありません。この仕事が大好きなので続いています。なぜなら、仕事を通じて達成感を味わっているからです。お客様からの、「今期の営業目標を達成できました」「売上日本一になれました」「夫婦関係がよくなりました」、こうした声を聞くとますます動機づけされ、トレーナーという仕事そのものに誇りをもてるようになります。

逆に好きじゃないこと、快適感情を引き起こしてくれないものは、能力開発のプロがどう頑張っても続きません。

たとえば、タバコをやめたいと思っているのに、いつまで経ってもやめられない。そんな友人が相談に来たとします。

「青木さん、禁煙できずに困っているんだけど、どうしたらやめられるのだろう……」

私は次のように聞き返します。

「本当にやめたいの?」

そこで相手が「もちろん」と答えたら、「それ本当?」と何度か聞き直します。私から「タバコは身体に悪いからやめたほうがいいよ」とは言いません。「別にやめなくてもいいんじゃないの？」とか、「なんでやめる必要があるの？　無理しないで吸っていれば？」などと、逆にやめないように説得にかかります。

もしかしたら相手は、「なんだ、病気になれって言ってるのか？」とむっとした態度を見せるかもしれません。

でも、考えてみてください。その人は、誰かにタバコを吸わされているわけではありません。だから、私はこう返します。

「いや、だってタバコを吸うことを〝自分から選んでいる〟じゃないか。病気になりたくなければやめろ、なんて言わないから、もう一度よく考えてみたらどう？」

「やめたほうがいいよ」と言わないのは、本人がやめたいと心の底から思わないかぎり、やめられないからです。私にできることは、「本当にやめたいと思っているのか」を真剣に考えてもらう機会をつくることだけです。中途半端に「まずは本数を減らしてみたら?」なんて軽いジャブを打てば打つほど、やめられなくなるようです。おそらく相談したことで満足してしまい、自分事になっていないのでしょう。

また、もらいタバコだけにする人もいます。やめるプロセスならば本人の努力なのでしょうが、あまりお勧めはしません。本当にやめたいと思えば、何も言わずに、今この瞬間にやめるはずです。やめられない人はずるずるしていることも多い。

自分のしていることが効果のない行動であったり、よりよい行動を選べるのに選んでいない問題を自覚してもらう必要があります。外から何かを言っても人は変わりません。私は一貫して自分で答えを出してもらうようにします。

仕事でも勉強でも、やらされ感のあるものは長続きしません。快適感情の得られないことを無理やり続ける人生は地獄です。人は苦痛に感じることは続けられません。

自分の選んだ道なら続けられます。

振り返ってみれば、ある年齢以降、私は自分の人生をすべて自分自身で選んできました。もともと誰かに敷かれたレールなんてどこにもありませんでしたが。17歳のときに社会に出てキャリアをスタートさせたので、すべて自分で決めざるをえなかったと言うほうが正しいかもしれません。

それを考えると、続けられないということは、本当の意味で自分で選んではいないということになるのでしょう。

考え方ひとつで、人は何事も自ら進んで取り組むことができます。それを前提に心の底から悩み、決心したことは、きっと続けられるはずです。

「やりたいこと」や「実現したいこと」を改めて自分の心に尋ねてみてください。

今していることを本当に自分は望んでいるのだろうか？

本当は何を望んでいるのだろう？

この質問を毎日、自分自身に問いかけてみましょう。それだけでもあなたの中の続ける力は少しずつ養われていきます。

なぜ悪癖は長続きするのか？

酒、タバコ、ギャンブル、風俗……。面白いことに、人は悪い習慣のほうが続けられるようです。しかも続けようと意識しなくても自然と続いていきます。

ギャンブルにハマってしまった人、風俗に通い続けている人、こうした人たちは、ギャンブルや風俗以上に自分の願望を満たしてくれるものに出会わないかぎり、今の状態から抜け出すことはできないでしょう。

人は日々の生活で幸せを感じられる瞬間、快適感情を得られる要素が少ないと現実から目を背け、すべてを忘れたくなります。

そして即効性のあるもので、すぐに快適感情を得ようとします。簡単に手を出しやすいのがアルコールです。酔っているあいだはつらい出来事も忘れられるので、逃避願望と現実が一致します。そうして快適感情が得られるのでお酒に依存するようになります。

次が性的欲求でしょう。風俗店に行ってお金を払えばすぐに快適感情が得られます。このため、風俗の虜《とりこ》になってしまう人が出てくるのです。

ギャンブルだって同じです。ギャンブルがお酒や風俗と違うのは、〝たまに〟的中することです。当たった分だけ強い快感が得られます。毎回予想どおりだとすぐに飽きてしまうのではないでしょうか。

願望と現実が一致せず、満たされていない人が、外からの刺激で快適感情を得ると、それが願望に入り、ふたたび強い刺激を追い求めるようになります。こうして悪い習慣から抜け出せなくなります。

悪い習慣にかけるエネルギーやお金や時間を仕事や勉強に費やせば、きっと自分は成功する。こんな風に考えたことがあるのは、私だけではないはずです。

では、どうしてギャンブルや風俗通いは続けられて、仕事や勉強は持続するのが難しいのでしょうか？

理由は単純です。快適感情を得にくいからです。原因はいくつも考えられます。たとえば、仕事が単調で面白くない、苦手な上司がいる、評価されない、なんのために勉強しているのかわからない、ちっとも成果が上がらない、などなど。

成功体験のない人ほど長期的な見通しがもちにくいので、今欲している快適感情に動かされてしまうのです。

見通しとは、元々もちにくいものです。しかし、継続によって物事を成就した経験を積むほど先を信じられるようになります。

根本的には今の快適感情よりも強い願望をもつこと以外に続けられる方法はないでしょう。

そのために目標達成のための計画をもつことは、成果のイメージ（見通し）を具体化して仕事や勉強にも前向きに取り組めるようになる有効な手段です。

世の中に誘惑の種は山ほどあります。しかし、それを断つ方法はたったひとつ。自分自身の「願望」に正直に、長期的・本質的・客観的に行動を選択することです。断ち切る力と続ける力もイコールだと言えるでしょう。願望の見つけ方については、2章以降でご紹介していきます。

「願望」にあることは自然と続いてしまう

「好きこそものの上手なれ」という格言にあるとおり、自分の好きなことは、時間を忘れて打ち込むので、知らないうちにどんどん上達していきます。誰でも好きなことは、もっと知りたいと思うし、練習してうまくなりたいと思うものです。

願望に入っているので意識することなく努力を重ねていきます。成長実感を味わえるので、さらに続けることができます。

私は、元々話すこと、表現することは好きでした。能力開発の世界に入ったきっかけは、ブリタニカ時代に抱いた「売れる人と売れない人の差は何か？」というひとつの問いでした。セールスマネジメント・トレーニングで伝える技術を徹底的に磨いてきたことも研修トレーニングにつながっています。

ところが、嫌いなものについてはどうでしょうか。

「嫌いは下手の証拠」と言われるように、嫌いなことはなかなか結果が出ません。探究心も湧かないでしょうし、やること自体が苦痛になっていきます。

前述したとおり、人は苦痛に感じることは長く続きません。嫌いなことから生まれるのは、快適感情とは逆の苦痛感情です。私たちは苦痛感情が予想されると、それを避けるための行動を自然と選択しようとします。これが続かない最大の理由です。

しかし、この苦痛感情は、継続の源にもなりえます。周囲から見れば、ひとつの講座を25年間も続けていることは特別なことのように思われるかもしれませんが、私にとって講座を続けることは、苦痛でもなんでもありません。むしろその逆で続けられないことに苦痛を感じます。

もしお金目的でやっていれば続かなかったでしょう。私は人間を研究することの仕事が大好きなのです。継続していると、続けること自体が願望に入り、やめることのほうが苦痛になります。

続けることは、一般に考えられている以上に簡単なことだと思います。自分の好きなこと、心の底から求めていることが見つかれば、続けようと思わなくても、続いていくからです。

私たちは、毎日、生きようと思って生きているわけではありませんよね。それでも毎日呼吸をして、しっかりと生き続けています。

本当に求めているものさえ見つかれば、生きることと同じ次元で、続けることができるようになるでしょう。

やりたいことがなかったら、とことん寝るのもいい

「やりたいことが何もない……」
もし、そう感じるのであれば、何もしないのもよいでしょう。とことん寝れば、そのうち寝ることにも飽き、自分からむくっと起きて、何かをやり始めるのではないでしょうか。

「投獄・倒産・大病」のうちふたつ経験してようやく一人前と言いますが、人は大きな苦に直面すると、苦痛感情から快適感情に移ろうと必死にあがきはじめます。その過程で揺るがない強靭《きょうじん》な強さが培われていくのです。

自分の中に「こうしたい」という主体性の種を見つけられれば、いまの状態がどうであれ必ず変わることができます。

ところが「変わりたい」と思っていない人には、周りがどんな説得をしても動機づけはできません。十分な準備ができていない状態で、周りの人から無理やり何かをやらされそうになると、返ってやらされ感が増幅します。だから私は、寝ていたいという人にはあえてこう言います。

「起きる必要がないなら、とことん寝ていたらいいじゃない。なんで無理やり起こさなきゃいけないの。寝ていたいんだから、寝てればいいじゃないか。それも人生だよ」

ただし、こう続けます。

「でも、ずっと寝ていたら、いつか貧しさや未達成や未成熟など、さまざまな葛藤や苦しみを味わうことになるのが原理原則だよ」

人は自分から変わろうと思わないかぎり、変わることはできません。それほど願望を明確にすることは、大切なのです。

自分を信じられないと続けられない⁉

自分で「やる」と決めたことでも、楽しいことばかりではありません。むしろ、はじめは苦しいことやつらいことのほうが多いでしょう。そんなときこそ、冒頭で述べた原則に立ち返ってください。

「今」の快適感情ではなく、「未来」の快適感情を優先した人だけが、続けられる人になれる。

どんな仕事にも表と裏があります。光があれば闇があり、楽しさがあれば苦しみもあります。親密にお付き合いさせていただいている冒険家の三浦雄一郎さんは、75歳でエベレスト登頂に成功し、当時ギネスブックにエベレスト登頂最年長記録保持者として認定されました。

私の55歳の誕生記念パーティー「感謝の集い」にご出席いただいたとき、よく見ると手足に8キロものトレーニング用のウェイトをつけています。さらにパーティーの最中にもかかわらず、片足立ちでゲストの方々と話しているのです。

聞けば、80歳になったときにエベレスト登頂に再挑戦するための準備だと仰っていました。そして2013年5月23日。80歳で3度目のエベレスト登頂を見事に成功し、その報せは日本全土を駆け巡りました。

三浦さんはきっと自分自身に暗示をかけていたのでしょう。「自分はもうエベレストをめざして努力を重ねている。だから80歳になっても必ず登れる」と。
この行為自体が小さな成功体験になっているのです。片足立ちもひとつの成果と考えれば積み重なっていきます。ここまで小さな努力を重ねていれば、少々のことでは揺らがなくなります。

何事も大雑把にしていては続きません。また高望みをしても見通しがもちにくいので挫折します。
見通しがないと、苦痛感情を予想し、回避モチベーションが働きます。すると、失敗を糧にできないので、報われなかったときに自分を信じられなくなり、努力が無意味に思えてくる。これが挫折の論理です。

これは、どんなことでも同じです。どうしても上達にばかり目がいきがちですが、小さな達成を意識して積み重ねていかなければ、見通しができないので継続にはつながりません。最初は、続けることのみを目標にしてもよいでしょう。続けていれば見えてくるものや面白くなってくることはたくさんあります。

はじめてチャレンジすることは、なんでも不安だらけのスタートです。苦痛から入っていくわけですから、周囲のサポートも大切になります。周りの人の「一緒にやっていこうね」という気持ちに「はい、わかりました」と便乗して、徐々にコミットメントを強めていってもかまいません。

人は続けることで成長できます。はじめは周りの人の力を借りることも続ける技術のひとつです。

続けられない人は、じつは始めていない!?

続けるためには、まず少しずつでもやりはじめてみることです。

自分が「こうなりたい」、「やってみたい」ということがあれば「できる、できない」は考えずに、まずは、「やる！」と決めてみましょう。続けられない人は、意外と食わず嫌いのケースも多いのではないでしょうか。

やっていくうちに「なんだ、できるじゃないか」という自信が生まれ、挑戦することが快適感情を引き起こしていくはずです。

始める前から「できる、できない」と考えはじめると気が重くなってきます。やる気がある〝今、この瞬間〟を逃したら、次はいつその気になるかわかりません。

とにかくやってみてから考えるのもよいでしょう。じつは「やる、やらない」の小さな違いの積み重ねが、5年後、10年後、20年後に大きな差となって現れてきます。

どうせ続かないだろうと言う人がいますが、スタートからそう思ったことは、まず続きません。ほかの続けられなかった経験を勝手に応用してしまうこともあるでしょう。

何かを始めるときは「続く、続かない」と頭を悩ませるのではなく、勝手に「続く」と決めて取りかかりましょう。

続けられる人をめざすのであれば、継続力の前に行動力を養いましょう。

まずやってみようという前向きな心の姿勢は吸収力につながります。吸収力のある人ほど成長していきます。人から教わったことを素直に取り入れ、即実行に移せる人です。

私の講演には、毎回数百人が聴講に訪れます。しかし、ほとんどの人が自分の「物差し」を持って話を聞いています。すると、物差しにあったものは吸収するけれども、物差しに合わないものは「自分には関係ない」と聞き流してしまいます。

ひとまず自分の物差しをおいて、人の意見を聞き入れ、実行できる。これが続ける力にもつながります。実行体質になるからです。すると、自分で掲げた目標をしっかりと守れるようになっていきます。

あなたには「これを続けたい」という欲、「続けられる人になりたい」という願望があります。それを実現するために、この本を手にしているはずです。

欲があれば、次々と新しい情報を吸収できます。自分の物差しにこだわらず、願望に焦点を当ててさまざまな情報を取り入れ、実行する力を鍛えていってください。自分の中で「続ける選択」をし、行動につなげられるのが続けられる人だからです。

人が続けられない理由、どんな人が続けられる人なのかをご理解いただけたでしょうか?

ここからは続けるための具体的な技術をご紹介していきましょう。

第2章

続けるための原点

自分の「願望」を明確にする

WANTS、CAN、MUSTの関係

心の底からやってみようと思える「願望」が明確かどうかが、続けるためには大事なことです。そこで本章では、「願望」の見つけ方、つくり方についてお話していきたいと思います。

まずは、WANTS、CAN、MUSTの関係から見ていきましょう。

次頁の図をご覧ください。WANTS、CAN、MUST、3つの輪があります。これらの重なり部分を増やすことで、願望にあることを実現する力が高まります。つまり、実行力が上がります。

■3つの領域

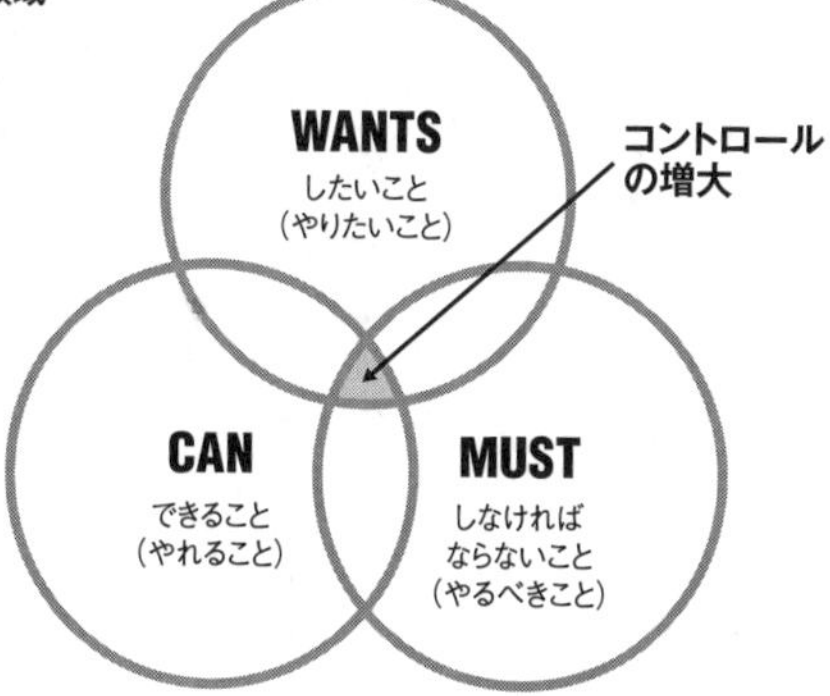

ＷＡＮＴＳとは「したいこと」「やりたいこと」などの欲求、願望、意欲を指します。ＣＡＮとは「できること」「やれること」、つまりその人の能力のことです。ＭＵＳＴとは「しなければならないこと」「やるべきこと」です。

一般的に多くの人は「したいこと」と「できること」、ＷＡＮＴＳとＣＡＮのふたつに囚《とら》われすぎて「やるべきこと」のＭＵＳＴを後回しにする傾向があります。そうなると3つの重なり部分が増えず実行力不全となってしまい、続ける力も発揮されません。

WANTSやCANは、MUSTをクリアしなければ拡張しません。

誰だって自分の思いどおりの人生を歩みたいものです。しかし、望むものの前には、必ず「やるべきこと」があります。それを乗り越えることではじめて、さらに大きな目標や夢が膨らんでいきます。「できること」が増えるからです。それがまた、実行力の源泉になるというよい循環に入っていけます。

一流のスポーツ選手やピークパフォーマー（自分の能力を最大限に発揮できる人たち）が活躍できる理由は、強烈なWANTSをもっているからです。「WANTSを実現するために何をしなければならないのか？」というMUSTを実行する力強さが生まれてくるのです。

3つのうち、もっとも重要な要素はどれでしょうか?

WANTSです。すべてはWANTSから始まります。WANTSが明確であればあるほど、MUSTに対するこだわりが出てきます。こだわりが強ければ強いほど、途中で投げ出すようなことはありません。それだけ実行力が発揮されます。

「これまで何ひとつ続けることができなかった」

そのような人は、まずWANTSを見つけることから始めましょう。WANTSは「自己愛(セルフラブ)」とイコールです。自分を愛し、自分の可能性を信じられないとWANTSも生まれません。自分自身の将来に対する見通しがないからです。

あなたは自分のことが好きですか？
自分のことを愛していますか？

あなたは一生あなた自身と付き合っていきます。だからこそ、自分自身をマネジメントして最高の人生を歩んでほしいのです。あなたは、あなたを裏切りません。自分を温かい目で見守ることによって、自己愛を育みましょう。

では、自己愛を高めるためのＭＵＳＴとはどういうことでしょうか？

たとえば親を受け入れることです。親を嫌うことは自分を嫌うことです。人間は親の細胞からつくられています。ですから、親子関係が悪ければ修復しなければなりません。親子関係をよくする秘訣は、親に対する感謝と理解です。

私もかつては親を尊敬できませんでした。家に十分なお金も入れず、年に数回しか帰ってこない。帰ってくれば、暴力を振るうこともある父親を見て、「絶対に親父のようにはなりたくない」と思っていました。親の愛を感じられず、当然、自己愛も低いままでした。

さいわいにもこうした家庭環境は、私の一時的な実行力を高めてくれました。コンプレックスをバネに負けん気ひとつでトップセールスに昇り詰めました。しかし、このときの自分は最悪だったと思います。稼いだお金はすべて浪費して、酒を飲み、タバコを1日3箱吸って、見栄っ張りで身勝手で周りに迷惑をかけるような人間でした。

ところが、よくよく考えてみると親に対する甘えだったのだと気づきました。父親は子どものために生きなければならないと誰が決めたのでしょうか？　「自分の人生は自分がどう生きるかだ。すべては自分から始まるのだ」こうした悟りのような思いが芽生えて親を赦《ゆる》せるようになりました。

愛してもらえなかった気持ちの裏返しは恨みや憎悪になります。私がしていた反発は、愛されたいという叫びであったと自覚しています。どうしても親に対するわだかまりがあるのであればかまいません。ただし、依存や甘えを断って、自分の人生だからこそ自分を大事にしようと思うこと、存在の源として感謝の念を親に対してもつことが、幸せな人生を歩む秘訣ではないでしょうか。

すぐにあきらめてしまう。続けられなくても、いまが楽しければそれでいい。そう考える人は、自分で自分を認められているか、可能性を信じられているか、改めて自分自身に問い直してみてください。

5つの欲求を満たすライフデザイン

先に述べた選択理論では、人は遺伝子に組み込まれた5つの基本的欲求に突き動かされて行動していると言います。

それらの欲求を効果的に満たす方法を学べば、行動力が発揮され、続けられる人になれる可能性が高そうです。

5つの欲求とは次に挙げたものです。

①生存の欲求＝心身ともに健康で生きようとする欲求
②愛・所属の欲求＝愛し愛される人間関係を築きたいという欲求
③力の欲求＝自分の価値を認められたいという欲求
④自由の欲求＝精神的、経済的な自由を得たいという欲求
⑤楽しみの欲求＝主体的に何かを楽しんでやりたいという欲求

願望を見つけるためには、まずこれらの欲求が満たされる人生を設計してみます。

私たちは「自分たちの遺伝子を満たそうとして行動する存在」です。心理学を応用すると、その遺伝子にこの5つの欲求が組み込まれているのです。これらの欲求を5つの分野と考えて、それぞれを満たすであろう自分自身の願望を書き出してみてください。

同じ願望でも、目的がはっきりしているものほど続ける力が発揮されます。たとえば、500万円の貯金を目標とすると、いきなり毎月の貯金額を計画するのではなく、最初になんのために貯金するのかをはっきりさせます。結婚資金のためなのか、家を買うためなのか、子どもの教育資金のためなのか、将来事業を起こすための準備金なのか。

こうした分析から自分のどの欲求を満たすものなのかが見えてきます。

仕事も同様です。成果を出すという漠然とした目標ではなく、誰のために、なんのために成果を出したいのか、なぜ成功しなければならないのかを考えてみましょう。それから計画化に入ります。

人は、自分の欲求を満たすために生きています。書き出した願望が自分の欲求を満たせるかどうかを考えれば、自分自身で続けていけるかどうかの予想がつきます。

どんな人でも自分の願望を満たせなかったらやめます。ずっと続けていくことは難しい。もちろん、いま続いている人でも願望を実現できなくなれば、途中でやめてしまうことだってありえます。

いまもこれからも自分の欲求を満たしていける人だけが続けられます。だからこそ、5つの欲求をバランスよく満たせるライフデザインをしましょう。

人は自分にとって正しいことを選んでいる

人は皆、自分の決断に従う存在です。瞬間瞬間で、自分にとって「正しい」と思うことを選び、行動しています。その結果、いろいろな現象が起こるわけですが、その場の判断は本人にとってつねに正しいことなのです。

人間は主観の生き物です。人は主観のなかで生きているとも言い換えられるでしょう。すなわち、あらゆる物事を主観というフィルターを通して知覚しているのです。ただし、ここにひとつ大きな問題があります。

そのフィルターが良質であれば、自分の行動が効果的に欲求を満たせるので、幸福感や達成感を味わえる現象がたくさん起きます。幸せな人生の実現や成功を手にすると言われるものです。

もしフィルターが狂っていたら、どうなるでしょう。幸福や成功からはどんどん遠ざかってしまいます。

そのため、良質な情報に触れる努力をしましょう。一番手軽な方法は読書です。私は貧しい幼少期の経験からもっとよくなりたいと思い、数千冊の書物を読んできました。この冊数を読む前と読んだあとでは間違いなく考え方が変わっています。幸福や成功を手にしている人の価値観や歩んできた人生を学ぶことで、主観がより原則中心に変わり、思考が変わり、生き方そのものが変わっていきました。

「努力よりも正しい選択を優先する」という言葉があります。本書の冒頭でも取り上げました。努力はもちろん大事なことですが、それは正しい選択があってこそです。能力開発の道を歩むなかで行き着いたひとつの答えです。

長所を考えず、適性のない仕事を懸命にして、まったく成果が出ない。

見た目で判断し、価値観の合わない相手と衝動的に結婚して、離婚するか悩んでいる。
健康に害のある食べ物を摂りながら、高いお金をかけて健康食品を買っている。

私たちの周りには、こうした例がたくさん見受けられます。どれも主観というフィルターが狂っているためにおこなっている行動です。努力はいつも報われるわけではありません。頑張ったからといって、結果がついてくるわけではないのです。大切なことは、原理原則を踏まえ、正しい選択のうえで行動することです。

正しい選択とは、きちんと自分を満たせるような人生を歩むことです。
5つの欲求に従って、自分の願望や人生の目的を見極め、WANTS、C

AN、MUSTの重なり部分が着実に大きくなっていくような行動をとっていきましょう。

人はいつでも自分にとって「正しい」と思うことをやっています。しかし、それが客観的に、あるいは本質的に「正しい」選択とは限りません。

自分を願望に入れる

先にお話した5つの欲求を満たす計画を立てる際にお願いがあります。必ず自分自身を願望に入れているか熟考してほしいのです。自分が好きな人、自己愛の強い人ほど強いWANTSが湧いてきます。WANTSは続けるための原動力です。

あなたは自分で自分のことを信じていますか？

自分自身のことが大好きですか？

一見、自己愛と続けることには、なんの関係もないように思えるかもしれませんが、両者はしっかりと結びついています。なぜなら自己愛は自分で自分をどのように見ているのかという自己イメージに深くかかわっているからです。

人は自己イメージに合った行動をとります。自己イメージが低いと悪い習慣に手を出しがちです。悪い習慣とは、前述しましたが、即効性はあるが本質的に欲求を満たせないものです。また、挫折しそうになると「やっぱり自分はできない人間なんだ……」と自分を正当化するストーリーをつくってしまいます。すると、あきらめ癖がつき、楽なほうへと流されていきます。続けられない体質ができあがってしまうのです。

自己愛と自己イメージの関係性については拙著「一生折れない自信のつくり方」に書いているのでここでは割愛しますが、自信がないと続きません。もし、これまで続けられなかったとしても自分を責めることだけはやめましょう。続けられないことよりも自己概念を下げてしまうことのほうが最悪です。どうしても続けられなかったり、悪い習慣から抜け出せなかったりするのであれば、自己イメージを変えないかぎり行動は変わりません。自信を育むことが最初の目標になります。

これは、周りの人に対しても同じです。もし、あなたが身近な人に悪い習慣から抜け出してもらいたいと願っているのであれば、その習慣をやめることのほうが続けることよりも欲求を満たせるようになってもらうしかありません。やめることでその人の人生はよくなること、やめる力をその人がもっていることを実感してもらうのです。頭ごなしに正論をぶつけても自己イメージは変わらないでしょう。

もしくは、相手の望みを叶えることを自分自身の望みにしてもらう必要があります。愛する人に懇願《こんがん》されてはじめて耳を貸すようになるでしょう。人は自分の願望にある人の価値観は無視できないからです。長生きしてもらうことが家族全員の願いであると本人が心の底から実感すれば、タバコや酒に手を出さなくなるでしょう。

あなたも周りの人もそれぞれの欲求から行動しています。悪い習慣から抜け出したい、あきらめ癖をなくしたいのであれば、自分自身を願望に入れることです。あなたはあなたの人生のオーナーであり、デザイナーです。その道で権威のある人から言われることには、説得力があります。そのとおりにしようと思うでしょう。自分の未来を管理下に置き、自分に向かって権威をもって指示するくらいの心構えでいましょう。

それは本当にあなたが望んでいることですか？

将来、ほかの道を進みたいのではありませんか？

本当の願望であれば、今の快適感情よりも未来の快適感情を優先できるはずです。

私は、これからもっと自分自身を拡張させていきたいと思っています。できても、できなくてもどっちでもよいのではありません。もっともっと成長してみせます。

10年間、欠かさず続けている誕生日会も一番の目的は、ご招待したお客様に喜んでいただくことですが、それだけではありません。

私の周りにいる方々が気兼ねなく交流できるような場にしたい、ゲストの方々に今年も青木さんは成長しているねなどと感じていただき、さらに親密にお付き合いをしていきたいと思っています。

はじめは30人だった会も昨年は200人以上の方にご参加いただけるようになりました。将来は1000人規模でやりたいと考えています。

来年の誕生日会のことを考えると、今を中途半端に過ごすことなんてできません。「もっとよくなろう。もっとよくなろう」とモチベーションはますます高まるばかりです。これはある意味、周りの期待を自分の続ける力へと変えているのです。

何事も過ぎ去れば颪。人の記憶に留まるだけで、すべては虚でしかありませんが、その過程においてアチーブメントという会社のブランドができます。青木仁志という生き方が、この会社の大きな財産になります。これが私の描く理想の自己イメージです。

あなたは、どんなライフデザインを描いていますか？
理想の自己イメージをもっていますか？

自分を願望に入れた人生設計をぜひ描いてみてください。

願望を強化する方法

「5つの欲求をバランスよく満たす願望なんて思い浮かびません」「自分のことがあまり好きではないようです」「自分のWANTSがわかりません」

こんな悩みを抱えてしまう人は、まず主体的にやってみようと思えることを考えましょう。そしてできる範囲で精一杯やってみるのです。努力して何かを手に入れる。そんな体験を重ねることに集中するのです。5つの欲求やWANTSのことはいったん忘れて、小さな達成に向かっていれば、少しずつ見通しが見えてきます。

高級時計を身につけたい、高い洋服を着たい、自由になるお金が欲しいなど物欲から入ってもかまいません。私もかつては、先輩の乗っている外車と同じものに乗りたいという思いで仕事に邁進していました。

物欲であっても、経済的な開放に対するこだわりが生まれて続ける一因になります。続けていけば、何かしらの結果が出ます。それが発展していったり、また、技術が高まったりするので、先のことがイメージできるようになります。自分の活躍がイメージできればこだわりも生まれてくるでしょう。結果に伴って周りからも認められます。

ただ認められたい。そうした単純な動機から始めてもかまいません。私は社会に早く出たので、劣等感にさいなまれてきたと言いました。コンプレックスから解放されるために必死で働きました。そのとき続ける力の根底にあったものは、貧しさに対する憎しみ、怒り、恐れといった負のパワーです。

続ける力には、プラスとマイナスのエネルギーが作用します。なんとかして、今の苦痛感情から快適感情に移行したい。そんなマイナスからの動機づけでも、続けることが成功の引き金になることもあるのです。

ただし、求めていなければ成功の種があっても通り過ぎてしまいます。するると、変われません。あなたの周りには、10年1日のごとく生きている人はいませんか？　どれだけ年齢を重ねても、ほとんど成長が見られないような人たちです。これは、本人がいまのままでいいという快適感情に引っ張られて、願望を明確にできていないからです。

欲のある人間は向上します。なぜなら吸収力があるからです。たとえ物欲からスタートしたとしてもステージが上がるたびに気づきを得て、どこかで主観が大きく変化するでしょう。これを〝パラダイムシフト〟と言います。価値観が肯定的に変化することです。もちろんそのためには、よい情報や人と触れる経験を積んで、本質的にも求めている必要があります。

周りからどう思われるのかではなく、自分が求めることに正直に生きましょう。自分だけの将来のストーリーを組み立てましょう。それが、続けていくための大きな力となります。

なりたい姿をイメージしよう

外国語の勉強をする。資格取得のために勉強する。ダイエットをする。禁煙をする。何か新しいことを始めようとするときは、なぜそれをやるのか、目的を明確にすることが先決です。

でも、意味づけだけではまだ弱い。時間を割く心の余裕がいまの自分にはあるのか、資格の勉強であれば教材の難易度は難しすぎないか。続けるための具体的な準備に入りましょう。その指標となるのが目的を成し遂げたあとの自分の姿です。

ブリタニカの教材は、英語を習得するためのツールにすぎません。ですから、販売の際には、購入するかどうかではなく、その先にある英語をマスターした世界をイメージしてもらうことが大切でした。外国人の友人をつくる、定期的に海外旅行へ行くなど、必要性が喚起されたり、自分の英語レベルを確認できる場をつくったりする計画を立てることで、継続していただけるのです。

あなたも、なりたい自分の姿をイメージしてみてください。

資格を取ったあと、ビジネスの現場で活躍している自分の姿。
ダイエットに成功し、ずっと憧れだった洋服を着て街を歩く自分の姿。
目的を達成したあとの自分の姿が明確であればあるほど、英語に対するこだわり、資格に対するこだわり、ダイエットに対するこだわり、禁煙に対するこだわりが出てきます。こだわりがもてると続ける力も高まります。

突然ですが、あなたは自分で家を建てることになったとします。このとき、金づちやのこぎりに高い費用をかけますか？　おそらく単なる道具としてしか見ていないはずです。板を切る作業は、手で引くのこぎりよりも電動のこぎりのほうがずっと早くできます。だから、電動のこぎりのほうがいいという程度でしょう。

では、職人の技が活きた立派な家を建てたい場合はどうでしょう？　電動のこぎりよりも、熟練の大工さんにのこぎりの使い方やお薦めの工具を教えてもらいたいとは思いませんか？　これが「こだわり」です。目的を明確にして仕上がりをイメージすると、こだわりが生まれてきます。

これは自分自身のイメージにも当てはまります。

たとえば、朝早くから会議があるとします。少し寝坊してしまい、朝食は5分で食べきらなければ間に合いません。あなたは朝食を摂りますか？　大急ぎで食べれば、会議にぎりぎり間に合うかもしれませんが、私は朝食を抜いて5分前には会議室に入っていることを選択します。

これも自分自身の中にあるイメージの問題です。こうありたいというイメージがあるからこそ、それに合うような行動をしているのです。もし電車が5分遅れて会議に間に合わなかったとしても、遅刻は願望に従った結果だと言えます。もう少し寝ていたい、あと5分あるから朝食を食べようという今の快適感情を優先した行動が原因なのです。

私は、朝食を摂らなくても会議の時間に間に合うほうが快適感情を得られます。社会に出たのが早く、学校歴もないコンプレックスがありました。ですから、いつも一流のビジネスパーソンとしての姿を求めて生きているのです。要は、自分がカッコいいと思う生き方をしたいわけです。それが遅刻をしないような行動をとる動機づけとなります。

あなたは、どんな理想の自分をイメージしていますか？

憧れの人物を見つけて真似る

20代前半のころ、はじめて憧れる人物と出会いました。当時、母親と営んでいた喫茶店に箸を納入していた業者の社長です。おしゃれで、カッコよくて、アメ車に乗って、いつも颯爽《さっそう》としていました。

あんな経営者になりたいと強く思い、話をすると幸運なことに社長のところで働かせてもらえることになったのです。社長の姿を見て、あらゆることを真似ていました。同じように外車に乗って、同じ銘柄のタバコを吸い、同じような服を着る。

「社長、いま、なんのタバコを吸っているんですか？」

「うん。セブンスターだよ」

「ああ、そうですか。じゃあ、おれもセブンスターにしてみようかな」

こんな具合です。

次の憧れの人物は、ブリタニカ時代の上司です。セールスマネジャーとして日本一の人でした。

真似から入ることは、いまも続けています。ロータリークラブ（国際親善や社会奉仕を目的とした団体）に加入した理由はとても単純です。敬愛する松下幸之助さんが、大阪のロータリークラブに入っていたからです。松下さんがロータリアンでなければ、ロータリークラブとは一生縁がなかったかもしれません。

松下さんがロータリークラブに入っていることを知ったのは偶然です。あるとき松下さんの書籍を読んでいて、ジャケットにバッジをふたつ付けていることに気づきました。そのうちのひとつは松下電器の社章。じゃあ、もうひとつのバッジは……？

気になって周囲に聞くと、ロータリークラブのものであることがわかりました。そこで、ロータリークラブの誘いがあったとき、すぐに入会を決めたのです。もちろん私も自社の社章とロータリークラブ、いつも2種類のバッジを付けています。

こうしてふりかえってみると、私は憧れの人物を真似ることでモチベーションを高め、続ける力をつくってきたように思えます。理想を実現するための情報はなんでも吸収して、それに近づこうと努力する人生です。

理想の自己イメージをうまく描けないのであれば、自分がカッコいいと思う人や尊敬する人を探しましょう。真似ることでも徐々に続ける力は、養われていきます。

第3章

続けるプランづくりのアイデア

やめるべきことリストをつくる

あなたが心の底から求める「続けたいこと」は見つけられそうですか？求めるものが明確になったら、次に実現するためのプランニングについてお話したいと思います。ただし、その前にひとつやっておくべきことがあります。それは「願望」の棚卸しです。

人は、今していることをやめるのが苦手です。しかし、一度にそれほど多くのことはできません。ですから何かを続けようと思ったら、始める前にまずやめるべきことをはっきりとさせましょう。

■願望の棚卸しをする

願望が明確になったら、継続することとやめることを整理しよう

これからも続けたいこと	やめるべきこと
例：毎朝30分のウォーキング	

あなたがいまやっていることのうち、「これからも続けたいこと」と「やめるべきこと」を整理してみてください。この時点でもう続けなくてもいいと判断したものは、きっぱりとやめてしまってかまいません。

あなたの「これからも続けたいこと」には何が含まれていますか？

これも5つの欲求をもとに、分野別に考えると分けやすくなります。健康管理や良好な人間関係を築くこと、これらは続けたほうがいいでしょう。優先順位を決めてから仕事に取りかかる。これも続けていくべきです。蓄財や人生を豊かにしてくれる趣味をもつ。これも大切です。

逆にやめるべきことはどんな事柄でしょうか？

不健康、不摂生、不誠実など、「不」が付くことはすべてやめるべきです。また、本当の意味でいまの自分の「願望」にないこと、これもやめてしまいましょう。求めていないことを無理に続けても、いつかは投げ出すことになるからです。このように「継続すること」と「やめること」を区分していってください。

行動の整理ができたら、続ける意味づけ、意義づけを確認します。

なぜ、それを続けたいのか？

継続の理由をはっきりさせてみてください。これはなるべく高い志を掲げられるのが望ましいです。私だったら、「社員の20年後、30年後がこの会社の発展にかかっているのだから、責任ある仕事を経営者として真っ当しなければならない」と考えます。すると、会社の発展を阻害するマイナスの行動要因は除去し、経営者として成長し続けようと思えます。行動の選択基準ができるのです。

もちろん、いきなり高い志を掲げることは難しいもの。ですから、はじめは小さな成功体験を積み上げないかぎり、続きません。

私は子どものときから貧乏でつらい経験をたくさんしてきた。その苦痛から逃れるようにして17歳で上京しました。じつは自己実現をしたいという利己的な思いから始まったというのが正直なところです。ですから仕事も性に合わないと思ったら、すぐにやめて長続きしませんでした。

最初は人よりもちょっとよい生活がしたい、認められたい、注目されたい。そんな動機でもよいのではないでしょうか。続ける秘訣は、頑張る理由を自分の中にもっているということです。小さなきっかけをエンジンにして、目標を達成して、また火種を大きくしてだんだんと燃やしていく。

私も家族、社員、お客様を幸せにしたいという志をもてるようになったので、モチベーションは下がりません。この仕事を一生続けていきたいと思っています。どこをめざすかによって覚悟が変わります。つまり続ける力も違ってきます。

本書の冒頭でお話したように、動物は自分の好きなことしかやりません。でも、人間は違います。好きじゃないことだってできます。

人間には、理性や知性、知恵が備わっているからでしょう。理性、知性、知恵の力を使えば意味づけができます。たとえば、自分の志がはっきり立てられなくても、役割をまっとうすることが生きがいだと思える人は続きます。本質的に続ける目的と自分の価値観をすり合わせていけるのでしょう。

より良く生きる。
より賢く生きる。

これらの言葉は、物事に意味を見出せる人間ならではのものだと思いませんか?

「心の声」に従った
シンプルなルールをつくろう

断ち切る力と続ける力はイコールだとお話ししましたが、やめるべきものの判断は、自分の「心の声」に従うというシンプルなルールさえ守っていればよいのではないでしょうか。「心の声」とは自分の価値観です。

長期的・本質的・客観的に判断するのが意思決定の要点ですが、人が瞬時に何かの決断を下すときに、いちいち、この3つを考えながら判断しているわけではないでしょう。これには無意識に組み込まれるくらいのトレーニングが必要です。

ですから、自分が「正しい」と思えることだけを続けていきましょう。これは反対に「よくない、間違っている、今の快適感情に流されている」と思われるものは選ばないということでもあります。自分の内なる声に耳を傾け、「正しい」と思えることだけを選択し、実行していくことです。

ただし、自分のコンディションが悪いとき、病気になったとき、落ち込んでいるとき、こうした場合は正しいかどうかの判断よりも目の前の状況を回避したいという願望が強く働きます。

その結果、悪い習慣に染まってしまうこともあります。このような状況下では、自己正当化のストーリーをつくってしまうものです。すると、後述する続けられない3要素を使って挫折してしまうでしょう。

ほとんどの人が、じつは正しいこと（良い習慣）をしているのか、間違ったこと（悪い習慣）をしているのか、わかっているのではないでしょうか。「正しい」と思うことを実行するというシンプルなルールだけを守るようにして、実行するべきことを選別していきましょう。

続けたいことを天秤にかける

何か新しいことを始めようと思ったら、「今していること」と「これから続けようと思っていること」を天秤にかけてみましょう。たとえば、フランス語を勉強したいと思い立ったとすると、次のようなステップで天秤にかけます。

ステップ1

「なんのために勉強するのか」という目的を考えます。次に、今している事柄と比べて、フランス語を学ぶことが自分の欲求を満たしてくれるのかどうかを考えます。低い場合は、最初からやらないことを選びます。高かった場合は、「なぜフランス語を勉強したいのか。勉強になんの意味があるのか」という目的をふたたび自分に問いかけて、取り組む意味をはっきりさせてください。

ステップ2

フランス語を学ぶことへの欲求を確認し、意味づけができたら、学習する時間はあるのかを検討し、習得のための時間を確保します。同時に〝いつまでにマスターする〟と期限を設けます。

ステップ3

時間の問題を解決したら、ここではじめてフランス語をマスターするためには何が必要なのかをピックアップします。発音、リスニング、文法など習得するべき要素を細分化してそれぞれについて教材選びから勉強時間の配分まで具体的な対応策を練ります。独学では難しいと思ったら、多少のお金がかかってもよいコーチをつけましょう。

ステップ4

自分の選んだコーチの指示の下で（もしくは独自に）学習カリキュラムをつくり、スケジューリングしたら、何があってもそのスケジュールを守るように努力します。その際、コーチのアドバイスは素直に受け止めて実行します。

こうしたステップを踏むことによって、続けるための効果的なストーリー（プラン）ができあがります。やみくもに続けようとするのではなく、しっかりと設計し、能率のよい手順で実行することです。スケジュールさえ守れれば、期限内に語学力は著しく向上しているでしょう。

そのほかのことがあってもすべて同じです。急に仕事が忙しくて続けられなくなりそうになったら、その都度、天秤にかけて仕事のペースをゆるめるべきか、学習時間を削って仕事をするべきか。つねに願望にストレートに意思決定することも、ストレスなく続けていくための技術です。

目標設定は成功のパターンをつくること

毎日、小さな成功体験を味わえるような計画を立ててください。小さな成功体験を重ねていけば、将来の見通しが立つようになります。見通しがあれば続ける意欲が湧いてきます。人は見通しがもてなくなったときに挫折するものです。

こんなことをしていて、何かの役に立つのだろうか。
この仕事を続けていって、将来どうなるのだろうか。
本当に自分自身が納得できる人生を生きていけるのだろうか。

ときどきこうした不安に襲われます。それを打ち消してくれるのが将来への期待です。

繰り返しますが、見通しは成功体験の多い人ほどもちやすくなります。過去の行動が成果に結びついた経験を積んでいるからです。逆に成功体験が乏しい人は、成功のパターンが少ないので目の前の欲するイメージ（今の快適感情）に走りやすくなります。

見通しがもてなくなると、人は苦痛感情に襲われます。「あ〜あ、やっぱり、いくら努力してもだめだよな」と自分で自分を信じられなくなってしまうのです。誰も報われない努力をしたいとは思いません。これが活力のなさや漠然とした不安感の正体です。

ですから、これまで続けられなかった人は、まず成功のパターンをたくさんつくることを目標にしてみてはどうでしょうか。「今日という日をいかに充実させるか」だけに集中してみてください。今日やることもできずして、明日や明後日に期待をもつことなどできないはずです。

誰もが成功のパターンをつくれる方法として早起きをお勧めします。もちろん、ただ早起きすればいいわけではありません。

朝早く起きて、自分の目的や目標（願望）を見てから、その実現に向けて2割の優先事項で8割の成果が得られるように、その日の行動計画を立てます。

これを繰り返していくことが、小さな成功体験の日々を送るということです。成功体験は快適感情へとつながっていきます。

快適感情を味わっていると「続ける」という意識がだんだんと薄れていきます。毎日快適感情を得たいので頑張っていたら、3日、1週間、2週間、3週間、1ヵ月、2ヵ月、3ヵ月と過ぎていき……気がついたら3年の月日がたって、ようやく見通しができた。こんな感じです。

毎日、必死こいて生きた結果が見通しです。それ以外に見出す術はありません。見通しとは、毎日の小さな成功の積み重ねの上に生まれるイメージであり、日々の達成なくしてもてるものではないからです。

達成感を味わっていないということは、日々やるべきこと（MUST）をおざなりにしているということです。すると気分もだんだんと憂鬱《ゆううつ》になってくるでしょう。やらなければならないことを残していると疲れを感じやすくなります。漠然とした疲労感はやり残しがないことで解消されます。やるべきことが多く、長時間働いても毎日完結していれば疲れません。

日々、達成感を味わい続ける工夫をする。成功のパターンを数多くつくる。すると、いつしかよい習慣ができて見通しが立っていることでしょう。

代価と報酬の原理を知る

この世の中には〝代価と報酬〟という原理原則が働いています。何かを得ようと思えば、代償を支払わなければなりません。これは継続のヒントを私たちに示してくれています。

たとえば、禁煙したければ、タバコもライターも灰皿もすべて捨ててしまいましょう。ダンヒルやデュポンなどの高級ライターを使っていたとしても、喫煙に関係するものは完全に断ち切ってしまうのです。

誰かにあげたりしたらダメです。もらった人の迷惑になります。自分がやめて、ほかの人に吸わせることになってしまいますから。だから、捨て

■代価と報酬の原理

てください。ダンヒルを捨てる（代価）ことによって、タバコを断ち切る力（報酬）が生まれてくるからです。自分が代償を支払った分だけ失いたくないという心理が働くので続きます。

仕事も同じです。自分の役割に対して、それをまっとうすること自体が喜びだと思えるのが代償を払うということです。

楽して儲かるという方程式はありません。楽をすればそれに見合う報酬しか得られません。求めるものに対しては、まず正当な代償を先払いする。人は苦労した分だけ、代償を払った分だけ豊かになれると私は信じています。だからこそ、将来得られる利益や祝福のために、できるだけ代償を払おうと思っています。

『頂点への道』講座を続けるうちに、あるときから世界最高峰の目標達成プログラムにしたいと思いはじめました。

そのために、ときには数百万円単位の投資をして世界中のさまざまな研修プログラムに参加し、システムに至るまですべてを確認しています。最高峰をめざそうと徹底的に代償を払う。すると続いていきます。私はこうして『頂点への道』講座を600回続けてきました。

期待するイメージを描き、将来の快適感情を得るために代償を払うという選択をしていく。そうすれば続ける力が強化されていきます。

早く限界突破を経験する

やり切ったからこそ、再チャレンジの意欲が湧いてきます。だから続けられます。仮にうまくいかなかったとしても、やり切ってさえいれば、「こうしてみよう」とか「もっとうまくやろう」といった次につながるものが見えてくるからです。改善点が明確であれば、やり直す気持ちも前向きになれます。

ところが、中途半端な状態で終えてしまった場合はどうでしょうか。ふたたびトライしたとしても、また同じ問題に直面するでしょうし、そもそも再チャレンジする意欲が生まれてこないことすらあります。

恋愛だってそうでしょう。とことん愛し合って、とことん苦しんだ末に別れたのなら、同じパターンの恋愛は繰り返さないはずです。

限界突破した者だけが、一段高い実行の領域に入ることができます。限界突破とは「意識改革」であり、意識が変われば新しい現実に出会えます。新しい物の見方、正しい判断基準、価値観が生まれるからです。主観が変化し、より本質的な判断ができるようになるとも言い換えられるでしょう。

人は誰しも、一生に一度は限界を突破しなければならないと私は考えています。違いは、若いときにするか、年齢を経てからするかです。

危惧するのは、若いときに限界突破をしなかったがために、40代や50代になってから意識を大きく変えなければ、現実に対処できない状況に追い込まれるケースです。

たとえば早くから目先の楽に流れる癖がついてしまうと、ある程度の年齢になってもスキルが高まらないので、ずっと仕事で自己実現ができず収入が上がりません。

転職しようにも働き口がないので、安易に副業に手を出しはじめたり、ギャンブルに手を出したり、計画性がないので人一倍お金に苦労します。

限界突破を経験していないと、なんとかなるだろうといった甘えと依存が残ることになります。すると、人生に起こるさまざまな困難を克服しようとする力が養われない。ＭＵＳＴがやり切れなくなります。そのまま通用していればかまいませんが、乗り切れないことが起こったときに、したいことでも続けられなくなります。

快適感情が味わえず、前向きな行動意欲が失われる。自己概念も下がっていく……。こうした悪循環に陥ります。

苦しみからしか得られないものがあります。そのときは苦しくて苦しくて仕方がないけれども、成長するためにはやるしかありません。負荷をかけなければ願望を実現する力は高まらないからです。

人には無限の可能性が内在していることを信じましょう。その蓋を開けることができるのは本人しかいないのです。

だからこそ、意図的に負荷をかけたり、怠けないような環境を整えることが大切になります。たとえば、自立せざるを得ない環境に子どもを置くということも愛情ではないでしょうか。

でも、その逆も多い。なるべく負荷がかからないように、苦労しないように親がなんでも代わりにしてあげる。誰かが代わりにやってくれるというプログラムが意識下にある人は続けられません。誰もやってくれないと思えばやるしかないでしょう。

また、本人がやりたくないことを強いることも逆効果です。他人はやらされ感があると長続きしません。仮に突破できたとしても、他人が用意したことでは、自信は育まれません。環境から負荷を与えられていると本人が感じて、自分の力で乗り越えられたと思えたときにのみ、あきらめずに続ける力が養われていきます。

若いうちに苦しんだほうがいい。挫折してもいい。でも、苦しくても、失敗しても、決して逃げてはいけません。あきらめない力が培われません。逃げたら終わりです。

災い転じて福となる。
逆境は幸せの前奏曲である。

こうした格言が示すように、困難を乗り越えた先に成長の機会はやってきます。そのチャンスを活かせるかどうかは、その人の人生に対する姿勢で決まってしまいます。本当に成し遂げたい願望は、往々にして簡単には実現できませんから、最初から払うべき代償を計画に盛り込んでおきましょう。

苦しかったことや挫折した経験をあとからふりかえってみると、「あのとき自分はものすごく鍛えられた。その分強くなった」と実感することでしょう。一度、難関を乗り越えてしまえば、それ以下のことはすべて楽に思えてくるから不思議です。

楽に流されていたら、将来どうなってしまうでしょうか。最悪をイメージし、代償を払うと決めて、やらざるを得ない状況に自分を追い込むことも続ける技術のひとつなのです。

自分の弱さを知ることも大切

とにかく一度、とことんやってみてください。そうすると、どれだけ頑張ってもできないことがあることに気づきます。そして、挫折します。

挫折は、短期間ではつらい経験かもしれません。でも、長い目で見れば貴重な体験です。続ける力は、そうした挫折から培われていきます。挫折がなかったら、続けるためのアイデアは生まれないでしょう。

私は自分が楽に流されやすいことを知っているので、自分で自分をコントロールしようと必死です。自分の弱さを理解すれば、将来の快適感情を選ぶ工夫をしようとします。

たとえば、財布はいつもふたつ持つようにしています。仕事とプライベートのお金を使い分けるためです。人によってはオーナー経営者なのだから、そんなことをする必要がないと思うかもしれませんが、公私で財布を分けることが、自分に対する戒めになるのです。

人は自分の弱さ、もっと言えば、愚かさ、ずるさ、業の深さ、情けなさ、バカさ加減を実感すると、苦境のときにお世話になった方々へ恩返ししようという気持ちが生まれます。
たとえば、創業時の苦しい時代に融資してくれたある信用金庫には恩義を感じているからこそ、多少金利が高くても何かあった場合にはそこからお金を借りようとします。会社が存続するかぎり、お取引を続けていくと思います。

自分の弱さがわかれば謙虚になれるのです。驕《おご》りがなければ客観的に自分をコントロールしようとします。そのために試行錯誤します。
つまり、あらかじめ自分の弱いところがわかっていれば、今の快適感情を回避する仕組みが準備できるので、挫折しにくくなります。

自分の弱さを知るためには、決めた目標をとことんやってみることです。何もしないうちから、自分の弱さや強さなんてわからないでしょう。

まずやってみて、弱い部分が見えたら、謙虚にそれを補う仕組みを用意しましょう。そこから再スタートをすればいいのです。

日常生活の水路化現象

私たちの行動が願望優先であることは何度も述べました。一度水が通った場所には、次から次へと水が流れ込んでいくように、日常生活のちょっとした行動でも、その場の願望をいつも優先していると気づかないうちに楽なほうへ流されていきます。これを日常生活の水路化現象と呼びます。

わが家の洗面所には砂時計が置いてあります。3分間、しっかりと歯を磨くためです。目の前に砂時計を置いておくと、砂が落ち切るまで歯を磨くようになるから不思議です。息子にも同じことをさせています。

このように普段の生活のなかで、自然と管理される仕組みをつくっておけば水路化現象には陥りません。

そのほかにも私は、2ヵ月〜3ヵ月に一度、千葉で研修セミナーを開催するときに必ず自動車のディーラーに寄って、車の点検・整備を受けることにしています。6万キロメートル乗っても愛車の調子がいいのはこのためでしょう。点検・整備の最中には、同行しているマネジャーとミーティングをしているので、打ち合わせの時間を別途割く必要がありません。

何かをやるときに、ふたつのことをセットにして負担を軽減することも続けていくためには重要です。

このように、ちょっとした工夫が続けるための原動力になってくれます。物事はパターン化すれば楽に続けられるようになります。パターン化＝習慣化です。

日常生活の水路化現象の例を挙げます。次の項目のうち当てはまるものにチェックを入れてみてください。

□蓄財をすることよりも、つい浪費してしまう
□摂生よりも、不摂生になりがちである
□早起きよりも、朝寝坊が好き
□勤勉よりも、怠惰な生活に流されてしまう
□自己開発に投資するよりも、遊びにお金をかけるほうが好き
□親孝行よりも、自分の遊びを優先してしまう

□成果を追求するよりも、成果とは関係のないやりたいことをつい優先してしまう

いくつ当てはまりましたか？　チェックした数が多い人ほど、楽を選ぶ癖がついてしまっている可能性があります。WANTS、CAN、MUSTのうち、願望を実現するために「しなければならないこと」が疎かになっています。

次はどうでしょうか。同じようにチェックしてみてください。

□嫌いなことより、好きなことを先にする
□時間がかかることより、早く済むことを先にする
□難しいことより、やさしいことを先にする

□はじめてのことより、慣れたことを先にする
□自発的なことより、命じられたことを先にする
□重要なことより、急ぐことを先にする
□予定していたことより、飛び込んできた仕事を先にする

どうでしたか？　チェックした項目が多いほど、日々の仕事において簡単なこと、楽にできることを優先してしまっているはずです。

日常生活の水路化現象に陥っていないかを意識することで、普段の作業が効率化されるだけでなく、自分の行動の意味を考えるようにもなります。
たとえば、私がブリタニカのセールスマンだったときには、航空会社をマーケットにして成功しました。参入障壁が高く、意識の高いお客様が多いのでセールスの技術が求められましたが、見込み客は高所得で英語の必

要性も高いので、多くの需要が見込める市場でした。セールス活動もよいマーケットに行って、はじめて報われます。

やみくもに努力しても頑張った分だけ結果がついてくるものではありません。努力する前に最初から選びましょう。

ある意味では合理的に考えることも必要です。日常生活を冷静に検証してみると目標達成とは矛盾している行動が結構多いのではないでしょうか。

止まったら終わり。こぎ続けなければならない——自転車理論

人生は自転車こぎと一緒です。こぎ続けているからこそバランスが取れ

ています。こぐのを止めた途端バランスが崩れて転んでしまいます。また、脚力に合わないコースを選んでしまうと途中で挫折してしまうでしょうし、急に速度を上げてもすぐに息切れしてしまうだけです。

自分に合ったコースを選び、自分なりのペースでペダルをこぐことはさることながら、一番大切なのはこぎ続けることです。

「今日は、自分で決めた距離を走れたな」と思うと、「明日もこの距離を走れるな」と見通しが立ちます。イメージができれば翌日も走る気力が生まれます。

悪い楽観主義者にならないように気をつけましょう。人間は考えないほうが楽です。なんとかなるだろう思って行動しない。今日この距離を走らずして、明日の見通しをもちたいと思っても難しいと思います。
仮にお尻に火がついている状況下でも、人は見通しがなければいつか挫折します。続けられる人は、明日への期待をもち、代償を払って乗り越えていこうという心構えがある人です。

人生とは、めざして生きることでしょう。生き方には正解がありません。しかし、さまざまな現象は起こります。ときには不条理や不合理と思えるようなことも起こります。理想のままずっと進んでいくことなんてありえません。

ただし、そうした事態をどう前向きに処理していくかは処世術です。いつも自分の行動を考えながら、こぎ続けることです。人生は止まったら終わり。しっかりと前を見据えて進んでいきましょう。

第4章

続けるテクニック①

〈 姿勢・取り組み 〉

主体性が続ける核となる

この章から続けるためのテクニックを紹介していきます。最初は「続ける力」をつけていくための姿勢や考え方についてお話しましょう。

何度も述べましたが、最初はつまらない仕事でも、主体性をもって取り組んでいれば、だんだんと面白くなってきます。ここでは、どのように主体性をもてばいいのかについて、もう少し掘り下げてみましょう。

誰でも遊ぶときは、自ら率先して遊んでいるはずです。人に強制されて遊ぶ人はほとんどいないでしょう。そもそも強制された時点で遊びとは言えません。

仕事も遊びと一緒です。率先して取り組めば、遊びの感覚が生まれてきます。すると、少しずつ面白くなってきます。やりがいが出てくるからです。

交差点で旗を持って交通整理をしている警察官の方には、「そこまでやらなくてもいいんじゃない」というオーバーアクションで、その地域の名物になっているような人もいます。

普通に考えたら、一日中、交差点の真ん中で旗を振り続けるなんて、単調できつい仕事のように思えるかもしれません。

ところが、本人はそうじゃない。心から交通整理という仕事を楽しんでいるのでしょう。なぜなら、自分なりの工夫をして主体的に取り組んでいる様子がみてとれるからです。

遊園地やテーマパークで着ぐるみの中に入ってお客さんを楽しませる人たちがいます。一見すると暑くて、しんどい仕事のように思えます。でも、子どもたちは着ぐるみのキャラクターを見て、うれしそうに抱きついたり、握手を求めたりしてきます。

着ぐるみのキャラクター役に徹することで、たくさんの子どもたちを喜ばせることができると感じられれば、やりがいや生きがいが見出せます。

何かに取り組む前に、自分なりに意味づけをするのが、主体性を生み出すコツです。人から言われたことだけをやるのは、一見、楽に見えますが、やがて面白くなくなります。

自分事ではないものに、達成したときの大きな喜びや感動は生まれません。自分の意思で何かに挑戦して、代償を払ってはじめて自分の力を信じられるようになります。すると、願望が膨らんできます。WANTSが明確になっていくのです。

そもそも誰かから一方的に押しつけられたものにはモチベートされません。人は自分の中にある定義づけに従って生きているからです。

セールスであれば「こうすれば日本一になれるんだから、おれの言うとおりにやれ！」と言われて、それが正しいやり方でも本人は面白くないし、やる気は起きないでしょう。

セールスマネジャー時代には、配属された新人にいち早く決意（コミットメント）をつくることが求められました。

いくら本人が希望して入ってきたとはいえ、厳しい世界です。1週間もすればドロップアウトしてしまうことも少なくありません。そこで成果を出してもらうためには、技術を教えることよりも先に信頼関係を構築し、本人にやっていこうという意志をもってもらうのです。

なぜこの会社に入ったのか、どんなことを成し遂げたいのか、など部下の願望を聞きながら身近な話題を例に出して、この仕事を通じていかに夢が実現できるのかを話していきます。

上司である私が部下の願望に入れてもらえるようになったら、この仕事にどれほどの価値があり、普及する商品がどれほど人の役に立ち、本人がどれだけ社会に必要とされている会社に選ばれたのか、会社、商品、職業、自分の4つの自信をもってもらえるようにします。

「この仕事で成功することは社会で成功することだ。仕事には3つのBがある、ビッグビジネス、ビッグチャンス、ビッグマネー。これらを手に入れる力が○○君にはある」

こうして本人の中に仕事で成果を出すというコミットメントができたら、同行営業をして現場を体感してもらい、職業に憧れをもってもらえるようにします。

生活の不安を与えないように同行中のお茶や食事をおごったりもします。一緒にやっていこうという気になったと思えたら、最後に本人にアポ取りをさせて、同行し、プッシュしてご契約をお預かりする。

一連の流れを見せて、本人がこの仕事の意義を理解したら、セールスの技術を丁寧に教えながら、積極的にアプローチする心構えをいつでも保てるようにサポートしていきます。

山は自分の意思で登るから面白いのであって、強制されたら苦痛でしかありません。仕事だって同じです。意思のないところに道は拓かれないし、やると決めないうちは本気になれません。本気にならないと吸収もできないでしょう。

ルーズは貧乏の母。

人生には、自分で自分を管理するか、他人に管理されるかのふたつにひとつしかありません。もちろん私は自分で管理するほうを選びます。理由は簡単。他人に管理されるのは嫌だからです。だからこそ、人から何か指摘される前に行動するようにしてきました。これも主体的に行動するための考え方でしょう。

あなたはどちらを選びますか？

自分から進んで行動しますか？　それとも人から言われたことをやりますか？

最初は誰でも不安からスタートします。達成感が得にくいのも事実です。でも自分の意志で取り組む覚悟があれば、周囲がサポートしてくれます。周りの思いに便乗して自分のコミットメントを強くしていけば続けることはそう難しくはないはずです。

こだわりが達成感を生む

売上１００億、経常利益20億、社員５００名。第40期における私の会社の目標です。まだ10年近く先の話ですが、すでに挑戦は始まっています。

大きな目標を達成するためには、そこに至るまでのプロセスが重要です。細かいことは気にせずにとにかくやる。このほうが長く続けられるように思えるかもしれませんが、実際は逆です。こだわりをもって小さく取り組んでいったほうが長続きします。なぜだと思いますか？

達成感が味わえるからです。大きなことは一朝一夕には成し遂げられません。取り組んでいること自体は小さいかもしれませんが、少しでもこだわって達成することによって、少し先の見通しが生まれて続けられるようになります。大きな目標だからといって、やみくもに突き進んでいたら実現は難しいと思います。

こだわりは、怠け心が襲ってきたときの防波堤にもなります。

先に書いたように、私は松下幸之助さんにならい、ロータリークラブへの入会を決めました。その際、入るからには必ず優良会員になろうと決めました。

ロータリークラブにはふたつの大きな義務があります。ひとつは会費を納めること、もうひとつは例会への出席です。

優良会員になるためには、1週間に一度はメークアップを含めて、どこかのロータリークラブに必ず出席しなければなりません。ところが仕事の都合でなかなか時間が取れないときもあります。

このときに「決めたのだから、何がなんでも出席しよう」と続ける力を与えてくれるのがこだわりです。こだわりがあれば、「忙しいから今週は

ってきます。

いいや」とはなりません。むしろその逆で、欠席することが「苦痛」になります。

　小学生や中学生のときに皆勤賞をもらったことはありますか？　学校を一度も休まず、表彰された経験のある人ならこの気持ちがわかるはずです。1回でも休みたくないから、少しぐらい熱があっても平気で学校へ行ったのではないでしょうか。

　このように、「これには、こだわっている」と思えれば、その分だけ続ける力が生まれてきます。困難に直面しても、まず乗り越えようという前向きな解釈ができるからです。逆にルーズになると、ちょっとしたことでも挫折しやすくなります。

ロータリークラブの例で言えば、「今日は仕事が忙しいから欠席しよう。でも来週は必ず行こう」とそのときは思います。でも、こだわりが薄いから、その次も仕事が込み入っていると忙しいからと出席しなくなる。これが続いて、いつしか出席しないことが当たり前になってしまうのです。

一時が万事。小さなことでもこだわりをもちましょう。目の前のことにこだわれば、続けようと思わなくても目標は自然と達成されます。

続けられない3要素（言い訳、自己正当化、無責任）

言い訳、自己正当化、無責任——失敗の三大要素、続けられない一番の理由です。言い換えると人が挫折する原因でしょう。

言い訳を認めると続ける力が弱くなります。これは他人に対しても、自分に対しても言えることです。

そもそもなぜ人は言い訳をしてしまうのでしょうか?

たとえば、友人との約束に遅れそうだとします。このときに何を考えますか?

まず、素直に謝ろうと思うはずです。では、そのあとはどうでしょう。なぜ遅れてしまったのかと言い訳を考えはじめるのではないでしょうか。理由があれば友人の怒りを買うことはなくなります。予想される苦痛感情も回避できます。

言い訳とは、苦痛感情を避けるための手段なのです。無意識のうちに嘘をついてしまう人は、苦痛感情を避けるため、自分でも気づかないうちに口から出任《でまか》せが出てしまうのです。

友人との約束で言い訳する程度ならまだよいでしょう。でも、人生に対してはどうでしょうか？

一生、継続力がないことを言い訳し続けたらどうなるか、想像がつくはずです。

自己正当化も言い訳の一種です。うまくいかないことがあると、すぐ誰かのせいにしてしまう。これもいけません。友人のせいにしたり、親のせいにしたり、会社のせいにしたり、国や政治のせいにしたりと、自分を正当化する理由は山ほどあります。でも、本当は誰のせいでもありません。

すべて自分の人生に起こっていることなのですから。

うまくいかなくなったときが運命の分岐点です。ここで続けられる人と挫折する人に分かれます。

あきらめたければ、あきらめればいい。
あきらめたくなければ、あきらめなければいい。
決めるのはあなた自身です。

ただ、ここであきらめたら将来同じような課題にぶつかることでしょう。
だったら、いま自己評価をして続ける選択をしてみたらどうでしょうか。

同じ困難に直面すれば続けられる人間のほうが間違いなく成長します。

ブリタニカ時代はトップセールスをめざすというよりも生き残ることが先決でした。フルコミッションなので、入った時点で10000円を払ってセールスキットを貸出してもらいます。あとはオフィス環境と電話代として、何もしなくても毎月10000円~15000円が引かれていきます。こうして多くのセールスマンがやめていきました。

苦しんだ分だけ、悩んだ分だけ、つらい思いをした分だけ、苦境をどう乗り越えるべきかという判断力が磨かれます。問題解決力が高まることは、苦痛感情を避けるより、乗り越える引き出しが増えることを意味します。

やりたくないと思ったときに、自分を正当化していないか考える癖をつける。自分に対して言い訳を認めないようにする。自覚すれば瞬間的にはやり遂げようという力が生まれるのではないでしょうか。続けるための有効なテクニックです。

無責任さは「主体性のなさ」や「こだわりのなさ」と同義です。自分の意志がなければ、何をやっても面白くありません。達成感ややりがいを感じられないからです。

続けられない要素を回避するために、取り組む前から主体的にやろうとしているかどうか、よくよく考えてから始めましょう。そのとき納得していれば、同じことをしてもやり遂げたときに小さな達成感が味わえるので、はじめは多少嫌なことであっても徐々に面白くなってきます。

過去を責めない

「やる」と決めていたことを先延ばしにすると、「なんでやっておかなかったんだ……」とあとで自責の念に駆られてしまうかもしれません。

でも、そのときはもうこけてしまっているわけです。転んでひざを擦りむいている状態ですから、消毒液を塗って治療に専念しましょう。

手当てしないで、やり残してしまったことばかり考えていると、それ自体がストレスになって、逆に負荷がかかり疲れが溜まってきます。実行力も生まれません。

問題は、未達成だったことではなく、後悔していることです。過ぎ去ったことは仕方がない。前向きにとらえて、次の行動へとつなげていく。続ける力を養うためには、物事を肯定的に考えることが大切です。いつまでも悔やんでしまうようであれば、自分自身に問いかけましょう。

今していることは、目標達成に効果的だろうか?

選択理論では、後悔も選んでいると言います。後悔することで得られるなんらかの快適感情を求めて、あなた自身が後悔するという行動を選択しているのです。

落ち込んでいても不幸になるだけです。極論、不幸になるぐらいだったら、笑ってごまかしましょう。明るく生きることは、自分を傷つけないための重要な技術です。

世の中に嫌なことなんて腐るほどあります。悲しいことを数えたら切りがありません。しかし、そのような状態でも視点ひとつで自分を磨き続けることはできます。

私も『頂点への道』講座を毎回「これが最後」という思いで講師を務めてきて、気がついたら25年も経っていたという感覚です。500回開催を目標に設定していましたが、300回のときに「あと200回!」と思っていたわけではありません。500回を意識しはじめたのはごく間近になってからです。

それまでは、500回よりも400回よりも目の前の351回が重要で、その次は352回が重要なのです。

よく500回を目標にすると「なんだ、まだ100回か……」と思いがちですが、私がチャレンジしていたのは毎回毎回の実行です。スケジュールに落とし込んだ明日の講座をいかに実行するかなのです。

今日一日を生きる。今日を人生最後の日として生きる。

今日を生きることができたら、また明日も新しい命があって、1日を生きることができます。毎日、今日を生きるわけですから、昨日も明日もありません。毎日、毎日、今日を生きていれば、自然と続いていきます。

明日のことは誰にもわかりません。明日のことは、明日の自分が思い患《わずら》うわけで、私たちにできるのは今日を生きることだけです。

人生は人それぞれ違います。ですから自分なりの目的・目標をもって、そこに向かって近づいていこうと努力する。そこにしか納得できるような人生の答えはないと私は考えます。

うまくいかなければ優先順位を変える

何かひとつうまくいかないと、急にやる気がなくなって、そのあとのことなんかどうでもよくなってしまった。こんな経験はありませんか？

完全試合を目前にしたピッチャーが、味方のエラーからリズムを崩し、結局、負け投手になってしまったといったようなことです。

負け投手にならないためには、打たれても打たれても、その都度、優先順位を切り替えてベストを尽くすことです。

完全試合をめざしていてカーンと打たれてしまったら、今度は何がなんでも完封しようと気持ちを切り替えます。

それでもまたカーンと打たれてしまったら、今度は勝ち投手をめざします。このように気持ちを切り替えていくことで、総崩れを防ぐことができます。

何か問題が起こったら、優先順位が変わったと思いましょう。そして、目の前のことに最善を尽くす。集中すると、自然と挫折の原因から離れられます。

願望は貼り替えられる

願望は変わりうるものです。どうしてもやる気が起こらない、何もしたくないというのであれば、思いきって環境を変えてみましょう。願望が貼り替われば、自然とやる気が生まれてきます。

私は娘に小学校受験をさせてエスカレーター式の学校に入学させました。しかし、彼女は学校にはなじめず、私は家内と話し合い、ロサンゼルスのディズニーランドに行ける短期の留学ツアーを申し込むことにしました。

ロサンゼルスの留学経験ののち、高校進学の時期になって、娘は自ら海外留学をしたいと話してくれました。そこから猛勉強を重ね、ボストン郊外にある高校に合格したのです。そして、自らもっとも偏差値の高い学校を選びました。一時は勉学に打ち込めなかった娘も、いまでは米国の大学へ進学し、いまも懸命に勉強を続けているわけです。

どこをめざすかによって取り組む姿勢は違ってきます。姿勢が違うということは、続ける気持ちの強さが違うということです。

究極、続かないということは、自分で本当に選んでいないのでしょう。よく「青木さんは、同じ研修を630回もやっていて飽きないのですか？」と聞かれることがありますが、私にとって『頂点への道』講座は、深くて深くて、まだまだこれからというのが正直なところです。

陶芸家が生涯をかけて作品づくりに打ち込む。音楽家が曲の完成に一生を捧げる。なぜかというと、それぞれに深さがあるからです。

これまでとは違った技術を使った作品ができるようになった、いままでにない音が出せるようになった。すると、ますますのめり込んでいく。私も深く深く追求して、そのたびにトレーナーとしての醍醐味《だいごみ》を味わい続けています。だから続けていられるのです。

続けているうちに見えなかった一面を発見したり、誰にも真似できないほど上達したりして、新しい願望が芽生えてきます。見通しは日々の生き方にしかありません。毎日の小さな達成を積み重ねることで、将来成功するイメージが鮮明になっていきます。こうしたことが重なって、続ける力強さが生まれてきます。

現実の延長線上に理想を描いて、目的に生きていく。毎日、毎日、願望を発展させて貼り替えていく。

このように考えて実践していけば、無気力からは逃れられるはずです。

もし、それでも飽きてしまうのならば、そのことはすでにあなたの願望には含まれていないのかもしれません。

集中の法則

ひとつのことに集中して実行することが達成を加速させます。成果は、小さな達成感をもたらすので、集中すれば続けられる体質になります。目の前のやるべきことに自分の気持ちを集中する。何かをやっているときに、ほかのことをあれこれ考えない。集中の法則です。集中力は続けられる人の特徴です。

では、集中の対象はなんでもかまわないのでしょうか？　決してそんなことはありません。自分の好きなこと、願望にあることでなければ続けるのは難しいでしょう。

私は、息子によく怒られます。カードゲームを一緒にしていても「パパ、カードの向きが違うよ」と注意を受けてしまいます。息子からしてみるとカードの向きをそろえることは重要な問題です。ものすごくこだわりますが、カードゲーム自体は私の願望にはないので息子から何度注意されても間違えてしまいます。

こんなこともありました。息子と一緒にテレビゲームをやっていて、息子が「パパ、僕について来て」と言います。私は下手なので息子が操作するキャラクターについていけません。すると、息子は怒ります。

「パパ、ついて来てって、言ってるでしょ！」

これは遊びの例ですが、仕事も勉強も同じです。興味がないこと、付き合いでやっていることはなかなか上達しません。こだわれないので集中力もなく、ただ漫然とこなしているからです。

また、集中と同じくらい〝リズム〟は大切です。集中して何かをやっているときにトイレへ行きたくなりました。私はトイレまで走っていき、用を済ませたら、また走って戻ります。別にトイレを我慢できなくて走っているわけではありません。集中が途切れないように走っているのです。

走って移動することで、部屋を出たときと同じテンションで再開できます。集中力が切れたら、生産性の高い仕事はできません。だから、私はよく社長室からトイレまで走っています。

もし、「集中できないな」と思ったら気分転換をしましょう。私の場合は、だらだらやり続けるくらいなら場所を変えたり、お茶を飲んだり、おやつを食べたりして、頭を切り替えてふたたび集中できる状態にもっていきます。

集中の法則は一時的なものだけではありません。たとえば、責任感が強すぎて、あれもこれも自分でやろうとしてしまう。できると思って仕事を抱えすぎてしまい、じつはできていない。

こんな分散をしてしまっている人は、負荷を取り除くほうが効果的です。また、集中するべき分野も自分の長所が伸ばせるところに絞るべきです。長所を徹底的に伸ばせば弱みは隠れてしまいます。力を発揮できるところでは、集中力も実行の効率も高まります。ますます目標を達成しようという意欲が湧いてくるでしょう。

何事も完遂しなければ気がすまない人も自分の強みを理解し、ひとつのことに注力できる状態をつくりましょう。集中できれば、続けられるようになります。

8割でも十分——完璧主義から抜け出す

非現実的な目標を掲げて、先の見通しがもてなくなったときも挫折しやすくなります。これを「挫折の法則」と呼んでいます。

見通しがもてなくなるということは、苦痛感情が予想されるということです。苦痛感情が予想されると、それを回避するモチベーションが働き、途中で投げ出してしまいがちです。これまでの努力が報われないと感じられて、あきらめてしまうのです。

意欲だけでは続けられません。いまの自分の実行力を冷静に見据えることです。8割達成できたら、それで良しとするぐらいの気持ちで目標を立ててみましょう。でないと、長丁場ですから続きません。

また完璧主義に陥りやすい人は注意が必要です。短期的に続けるのならかまいませんが、長期間に渡ってずっと続けていこうと思えば、自分にプレッシャーをかけすぎてしまい、続けること自体がだんだんと苦痛になってきます。

人はどんな状況であろうと精一杯やっています。パーフェクトなんてない。その前提でなんでも取り組んでみましょう。完璧主義はそれだけでストレスになります。めざしているところが高いので、うまくいかなかったときに理想と現実のギャップが大きく、達成が遥か先のことのように感じられてしまいます。

未達成でも自分に対しても人に対しても根にもたないことです。なぜなら、あなたは続けられるからです。今日やりたいと思ったら今日やればいいし、明日にしようと思ったら今日は少しだけにすればいいのです。その代わり手抜きはしない。

やり切っていると一時は疲れるかもしれませんが、また明日から頑張ろうと思えてきます。少なくとも達成感が味わえるからです。反対に中途半端だと回避モチベーションが働いているのでいつまでも落ち込んだり、心配したりします。もちろん、できなかった事実はそのときはつらいでしょうが、長い目でみたら失敗の経験はよいことです。続ける力は挫折によって強化されていきます。

いくら実現したいからと言って高すぎる目標を立てても、そこに向かうこと自体が苦痛になってしまったら意味がありません。わくわくするような目標を設定し、達成するたびに快適感情を味わい続けましょう。身の丈に合わない望み、厳格すぎる基準は、続けるための障害でしかありません。

自分にレッテルを貼らない

自分は何をやっても続かない、ダメな人間なんだ。

こうして無意識に自分自身にラベリングをしている人は、けっこう多いと思います。いまできないからといって、自分におかしなレッテルを貼るのは避けましょう。繰り返しますが、人は、願望に従って生きています。続けられないのは、自分に負けているのではなく、今していることよりも〝ほかにしたいこと〟を優先しているだけなのです。

負けてるなんて思っちゃダメです。自分に変なレッテルを貼ってしまうと、マイナスの暗示がかかり、自己概念が下がってしまいます。

タバコがやめられない人はやめないと言ってください。そっちがしたいことなのですから。下手にやめると宣言して挫折し、自己概念を下げるくらいならば、やめたくないのならやめなくていいと私はアドバイスします。「おれはやめないよ。でも今度煙の出ないタバコが出て、それに変えたんだよ」と言うほうがよっぽどその人らしいでしょう。そのうち自発的に「1日何本までに減らそう」と本人が思えたら、主体的に決めているので今度は続けられます。

今日やりたいと思ったら、今日やればいいし、明日にしようと思ったら、すべてを明日に先延ばししないで、今日は少しだけやって、残りは明日やる。そんな日があってもよいのです。

続けるためには、無理をしないことです。自然体で向き合うことです。人は、本当に自分がしたいことをするようにできていますから。自己概念を下げるくらいなら自分に好都合の解釈をしたほうが賢い選択です。

精一杯やることと完璧をめざすことは違います。完璧を追求すると、それ自体がストレスになります。だから、いつも自然体で最善を尽くすように努めましょう。

右手と左手に5キロのバーベルを持ったまま、42・195キロのフルマラソンに出たら、結果はどうなるでしょうか?

心底勝ちたいのなら、余計な重りは下ろさなければなりません。勝利へのこだわりが強ければ強いほど、自分が抱えている重荷は置いていきましょう。

自己中心性は継続の大敵

自分中心になると続けられないことがあります。自分を守るもの、支えるものがないからです。3章で続ける理由をつくる大切さについて述べましたが、意味づけや意義づけは自分よりも周囲へ向かうほうがより強力になります。

人はひとりでは生きていけません。社会、会社、家族などの環境下で周りの人たちと力を合わせて生きています。このことが腑に落ちると、人の期待に応えようとか、感謝しようという意欲が湧いてきます。じつは、期待や感謝がもたらす力は続けるために非常に強力です。

本人の願望は曖昧でも、ずっと継続してひとつのことに打ち込んでいる人たちがいます。彼らには、上司、家族、コーチ、友人などの期待や感謝の念が強く働きかけているのでしょう。

三浦雄一郎さんはとても誠実な方で、スポンサーにお金を出していただいた以上、その人たちのためにもエベレストに登頂しようと思ったそうです。どんなに苦しくても登り続けたパワーは、三浦さんがもつ真心だったのでしょう。

続ける場合にも、自分さえよければいいと考える人間はいつか必ず挫折します。たとえばお金や地位のために頑張れば、それを得たらやめます。人間の欲望が続けることを難しくしてしまうのです。逆説的かもしれませんが、永遠に得られないものをテーマにしないかぎり、本当の意味では続いていきません。

ブリタニカ時代、私は上司のマネジャーが大好きでした。成果を出して上司を喜ばせたいと思い、セールスの仕事を一生懸命にやりました。上司が目をかけてくれたので、一度は自分中心に考えてつらくて逃げ出したいと思ったセールスも続いて、結果としてトップセールスになれたのです。

借金を返済するために入ったフルコミッションセールスの世界で生き残る原動力になったのは、お世話になった方々に報いようとする思いでした。対面営業は自分中心では成立しません。徹底的にお客様の気持ちを汲み取り、期待に応えようとすることが成功の秘訣であると学びました。おかげさまで、いまでも人のために何かをするのが大好きです。

たとえば、子どもとの関係、毎日の食事から休日の過ごし方まで自分のことは後回しでかまいません。妻との関係、母親との関係についてもそう。相手に譲る、相手の願望を推し量る、とにかく相手中心に考え、できるかぎりのものを提供することです。

自分中心とは、能力開発では自己中心性と言います。繰り返しますが、人はひとりでは生きていけないのが原理原則です。自己中心性の強い人は、その前提を忘れて、環境を自分に合わせようとします。これではかえって達成を遅らせるばかりです。

継続力のある人は、相手中心に考えることで環境に適応し、続けることに大きな意味を与えているのです。

第5章

続けるテクニック②

〈 時間管理・行動管理 〉

「3」が習慣化のキーワード

時間と行動を管理することは続ける力と密接な関係にあります。

思考と行動をしっかりと管理する仕組みは、あなたの継続力を高めます。

ここでは、そのためのアイデアをいくつかご紹介しましょう。

数字の「3」は、続けるためのキーワードです。3日、3週間、3ヵ月、3年。

まずは、3日、3週間と続けられるように取り組んでみてください。それができたら、3週間をひとつの単位と考えて、3ヵ月、3年をめざしましょう。

何かを続ける最初の目標は3日です。まず3日やってみる。それがクリアできたら3週間頑張ってみる。そして、今度は3ヵ月をめざしてみる。このように「3」にかけて続けてみてください。

長期的な取り組みには、必ず障害が起こります。まず3日で小さな壁が、次に3週間で大きな壁がやってきます。能力開発の世界では、この3週間を重要視していて、研修の学びを実践し、定着させるためのひとつの指標として「21日間テスト」と呼ぶことがあります。

3週間の壁を乗り越えられると、こだわりが出てくるので、その後も続けられる可能性が一気に高まります。逆に続かない人の多くはそれまでに挫折します。

3週間続けるとは、その分の時間と労力を費やすことです。代償を払った分だけこだわりが出てくるので、ここでやめてしまうと惜しいという思いが生まれます。途中で投げ出したくなくなるのです。そして、3年続くと「習慣」になります。

あることが習慣にまでなると、今度は逆にやめられなくなります。続けることが苦痛から快感へと変わっているからです。

習慣にこそ人生を分ける要因がある。これこそが、能力開発をする究極の答えではないでしょうか。

3日、3週間、3ヵ月、3年とわかっていながら、もし途中で挫折してしまったら？　また3日からやり直しましょう。そしてふたたび3日、3

週間、3ヵ月と続けていく……。この繰り返しです。

それでも習慣にならなければ、一度、自分の願望に立ち返ってみましょう。続かないということは、本当の意味で自分の願望ではない可能性があります。改めて本当に自分が望んでいることなのかどうか、どのような意味づけをしているのかを検証してみましょう。

未来を管理できる唯一の方法
――出来事管理

「いつやるか」を決めておけば、「今」に集中できるようになります。逆に決めておかないと、あれをやらなきゃいけない、これをやらなきゃいけないと焦って、ストレスを抱え込んでしまいます。もしくは、漠然と考えているだけで、願望実現への一歩を踏み出せない。期限を切って自分を追い込むのも続ける技術のひとつです。

「タイムマネジメント」「時間管理」などとよく言われますが、そもそも時間は管理できないものです。そこで、その時間に何をするのかという「出来事」を管理しましょう。

未来を知るものは、その未来をつくり出す者自身である。

未来はスケジューリングで決まります。時間の使い方で自分の将来がわかると言っても過言ではありません。ですから、スケジュールを先に決めておけば、実行している未来をつくりやすくなります。

たとえば健康のためにジムへ通うのであれば、まず毎週、何曜日の、何時に行くとパターン化してしまう。この発想が続けていくためには大切です。トレーナーをつけるのは人を活用する技術です。7章で詳述しますが、協力者が多いほど続けられるでしょう。トレーニングの成果を認めてもらえるので、努力が報われている実感がさらなる活力となります。

スケジュールを守れたら、手帳に印をつけてみてください。先の例で言えば、ジムに通えた日には○をつけます。簡単なことですが、身近なところで達成感が味わえます。動機づけは多ければ多いほど望ましいものです。

「一時に一事」と言われるように、一時にひとつのことしかできません。そこで、「この時間帯には、これをやる」と先に決めてしまい、それ以外のことは考えなくてもいいようにする。これで目の前の事柄に集中しやすくなります。続けることだけではなく、やるべきことはすべてリストアップして、「いつやるか」をどんどん決めていきましょう。スケジューリングの癖づけです。

スケジュールは、さまざまな誘惑からあなたを守ってくれます。事前に設計しておかなければ、人は思考が分散し、周りの人や環境に流されやすくなります。

「なんとなく今日はジムへ行こうかな」と思っていたところに、友人から「今夜、時間ある？　飲みに行かない？」と誘いの電話がかかってきたらどうでしょう。今の快適感情を優先してしまうのではないでしょうか。

誘いを断る技術として、仮説をつくるのも有効です。誰かを傷つけないものであれば、嘘のない範囲でストーリーを考える。

たとえば、医者へ行って「最近飲みすぎなので、少しお酒は控えたほうがいいですよね」と自分から尋ねる。「控えたほうがいいよ」と言われたら、飲みの誘いがあっても「医者からお酒を控えるように言われているから」と一貫性を後づけする。

続けるというのは長期間の取り組みです。このようにスケジュールで時間を確保しておかなければ、いつまでも日延べしてしまいます。「まあいいか、暇ができたときにやろう」となってしまうのです。まず、スケジューリングの時間を取る。次に、毎回少しの時間でよいのでスケジュールを見る。そこから始めてみてください。

出来事を管理する癖づけは、未来を自分の管理下に置く意識につながります。続けられる人をめざすのであれば、まずは願望実現のプランを手帳に書き込んで、実行の時間を確保してみてください。

快適感情が起きるスケジュールづくり

スケジューリングのコツは、快適感情が起きやすいように組むことです。快適感情は1章で述べましたが、うれしい、楽しいなどの「快い」気持ちです。わかりやすいのは、小さな達成感が味わえるような工夫でしょう。

そのためには、まず無理をしないこと。意欲だけでスケジュールを組むと、必ずどこかでしわ寄せがきます。これを「振り子の原理」と呼んでいます。振り子が右側に大きく振れたら、その反動で左側にも同じ分だけ振れます。作用・反作用の法則と同じです。無理をした反動は、ストレスや無気力など目に見えない部分にまで影響します。

計画段階では達成ばかり優先しそうになりますが、スケジュールを立てるときはバランスを重視して組み立ててください。もしハードな仕事を入れなければならないときは、そのあとに必ず身体と心をリラックスさせる時間を取りましょう。張り詰めた弦はゆるめなければ長続きしません。

とくにスケジュールの調整に慣れないうちはつい予定に管理されがちになります。主体性をもって取り組んでいるあいだは大丈夫でしょうが、やらされ感が出てくるとスケジュールを消化するために動くことになります。

これはしんどいです。モチベーションが一気にガクッと落ちます。私は大まかに1年先のスケジュールを立てて、その後、細かい予定は半年先まで埋めるようにしていますが、3ヵ月に一度は必ず1週間~2週間の休暇をとっています。

休みの予定が負担になることもあります。たとえば、気分転換も必要だと思って飲み会に行く約束をしていたが、仕事が終わりそうもない。これでは、逆にストレスの種を増やすだけです。行けないことがフラストレーションになります。

そんなときは「何時まで仕事に集中して行けそうだったら電話を入れよう」と先に自分の行動をコントロールするのが得策です。

やるべきことであっても、息抜きであっても予定は自分から追う。スケジュールが守れなくなりそうになると、無理に管理しようとして逆にスケジュールの奴隷になってしまいます。

まずはスケジューリングから続けてみよう

続けられない人は、実行に焦点を当てがちですが、まずはスケジューリングの時間をつくることに注力しましょう。まず、いつもより少しでも早起きすることから挑戦してみてください。1日のスタートである朝は、プランニングに最適だからです。

「一年の計は元旦にあり」と言いますが、私の場合は「一生の計は朝にあり」です。朝早く起きてスケジュールを確認することで、願望実現に効果的な行動計画が立てられます。

■パレートの法則

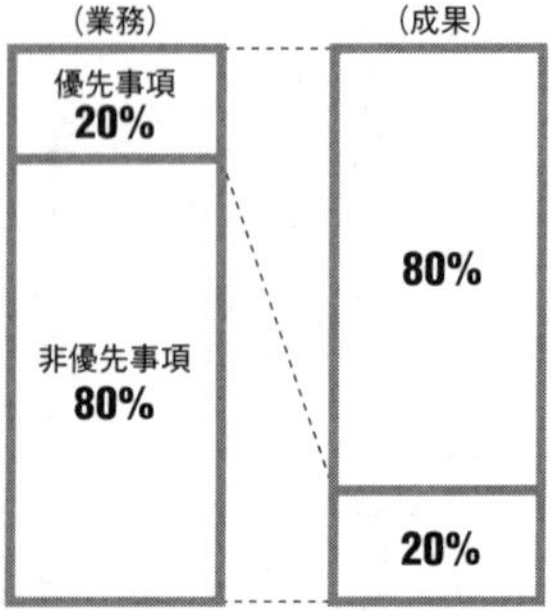

「成果の80%は、20%の優先事項で決まる」

まず自分の目的・目標を確認します。次にその目的・目標を達成するための1日のｔｏ ｄｏをリストアップする。このときにパレートの法則（80対20の法則）に基づいて、8割の成果をつくる2割の優先事項は何かを考えて、その日のスケジュールに盛り込んでいくのがポイントです。

プランニングには、最低30分から1時間かけましょう。自分の人生における優先順位が明確になると、優先順位の低いものはやらなくなります。自然と続けるべきことに的が絞られていきます。

仕事面での優先順位づけは上司の知覚を借りる方法も有効です。言われたとおりに実行することが求められる人と主体的にプロジェクトを動かしていく役割の人がいます。組織の場合、決裁権者が主導権をもっているので、上司に都度、やるべき仕事を確認するのが自分の優先順位を明確にする秘訣です。

優先順位が定まったら、いよいよ実行です。次に時間を有効に活用し、能率を上げるためのノウハウをいくつかご紹介しましょう。

□即実行
□考えごとをするときは、筆記用具を持つ
□仕事に取り組むときは、準備に時間をかける

□ボーっとする時間を減らす
□活力を浪費させる原因を突き止める
□バランスの取れた運動を予定に組み入れる
□通勤時間を短縮するために職場の近くに引っ越すか、家の近くに仕事を見つける
□系統的な読書の習慣を身につける
□一度に複数のことをやらない
□空白の時間をつくらない
□優先順位を決めて仕事をする
□義理で付き合う飲み会には参加しない
□電話での用件は溜めておき、タイミングを見計らって電話をかけ、一度に済ませる
□早寝・早起きの習慣をつける

□毎日、必要十分な睡眠を取る。ただし、必要以上に取らないこと
□他人の優先順位の高い事柄にも気を配る

タイムマネジメントのアイデアは、多くの本で紹介されていますが、私は詰まるところ、①朝早くスタートを切る、②自己投資をして、達成に効果的な行動が取れるようにする、③時間、期限を守る。この3点に集約されると思っています。

朝立てたプランが緊急案件で総崩れしてしまうこともあります。そんな場合でも改めて優先順位を立て直せばよいのです。

今日できなかったことがあったら、また明日やればいいのです。

第6章

続けるテクニック③

〈 情報・メモ 〉

合成的創造力を発揮する

2章で憧れの人物を見つけて、その人を真似るというお話をしましたが、20代のころに読んでいた書物を改めて眺めてみると、マーカーだらけで必死に自分の中で実行の決意をしようとしていたことを感じます。

たとえば、『営業は断られた時から始まる』（松永芳久訳／ダイヤモンド社）のE・G・レターマン、『私はどうして販売外交に成功したか』（土屋健訳／ダイヤモンド社）のフランク・ベドガー、『ブライアン・トレーシー100万ドルの法則』（田中孝顕訳／きこ書房）のブライアン・トレーシー、彼らの著書や教育用のビデオを繰り返し読み聞きしていました。その内容はいまでも記憶に残り、セミナーで人に話したり、自分で実行したりすることが数多くあります。

成功哲学の世界的権威であるポール・J・マイヤーは、自ら人前でマスプレゼンテーションをし、教材を売っていたと言います。その理由を尋ねられて、彼は自分が行きたいと思うところへ行くために必要なことは、それが段ボール箱を片づけることであろうと、どんなささいなことでもなんでもやります、と答えたというのです。

ポール・J・マイヤーという人物は、自分が欲しいと思うものに対しては一切、枠をはめずに進んで物事を実行するという特質を身につけていたということでしょう。

私が、ポール・J・マイヤーの本に出会ったのは、千代の富士の引退記念プログラムの在庫に悩まされていた時期でした。

活用しようと思ったアイデアや言葉のページをコピーして重要な部分に蛍光ペンで線を引き、手帳に入れて持ち歩いて毎日読み返していました。

書物を選ぶときの基準は、タイトルを見て、著者のプロフィールを見て、実学かどうかです。それから「はじめに」を読み、頭の中で内容を描いてから目次に目を通し、結論をイメージして「あとがき」を読みます。著者の主張をしっかりと把握してから買うようにしています。

最近は速読だけして買わない人もいますが、私は買うことで代償を払い、少しでも内容をおぼえられるように努力しています。だから、得られるものがイメージできない本は選びません。

「ある人の成功をそのまま真似る」だけではなく、さまざまな情報を吸収しながら合体させて、より新しい価値観をつくり出すこともあります。独創的ではなく合成的な創造力とでも表現すればよいでしょうか。

たとえば前章でご紹介したプランニングも、松下幸之助さんが毎朝、素直な心になれますようにと祈っていたという話からヒントを得て、朝に実践するようにしています。

よい情報に出会ったら、そのまま真似るのも効果的ですが、自分なりにアレンジしてみるのもいいかもしれません。

格言を味方につける

格言は、いざというときにあなたの味方になってくれます。言葉のもつ力は、意識下で継続力の糧となっていきます。

私が、続けるためにおぼえている格言をいくつかご紹介しましょう。

「成功者は錐《きり》のようにある一点に向かって働く」

「継続は力なり」

「努力に勝《まさ》る天才なし」

「人はその道において賢し」

「一筋の道を歩いていると、一筋の道を歩いている人に出会う」

「一筋の道を生きることこそが、究極の成功の道だ」
「夜明け前は一番暗い」

苦しいことがあったら、挫折しそうになったら、こうした格言を心の中で唱えながら自分を鼓舞し、前向きに行動する努力をしてきました。言葉の意味を自分で定義しながら、書き留めたり、壁に貼ったりして無意識に言えるくらい繰り返し見てきました。

いまでは、自分の考えをまとめるときにも「これほどまでにという努力を人は才能と言う」などと言いながら、自然と格言が出てくるようになりました。そのときに唱えることでも自然とモチベーションは高まっていきます。

あなたもつらいときに自分を励ましてくれる格言をひとつでもいいので、もっておくとよいでしょう。格言はあなたの考え方そのものをつくっていきます。

将来のイメージを書きまくる

私が持ち歩いている手帳には、自分の将来のイメージや願望がたくさん書かれています。毎朝、目的・目標を確認するときに思いついたことや、ふとしたきっかけで生まれた新たな目標などです。

私は、こうして書き留めたものを時間があれば読み返しています。ちょっとした空き時間に手帳を開いて、「これは、どうしたら実現できるだろう？」と考えを巡らす。たったそれだけで、無意識のうちに願望を実現する方法を考えるようになっていきます。

将来実現したいことを手帳に書きまくり、時間があればそれを見返す。若いときから、こうしたことを続けてノート数十冊分になります。

続けるためのヒントはいくつもありますが、一生続けるための究極の力はあなたの中にあります。「自分はこうしたい。ああしたい」という内発的動機です。

慣れないうちは、何も思い浮かばなかったり、書くのが面倒だったりするかもしれません。最初は、すぐメモできるように手帳とペンを持ち歩いて合い間に自分の願望をちょっと考えてみる。それだけでも十分でしょう。

新しい夢や目標は、こうした小さな習慣の違いから生まれ、続ける意味や動機づけに変わっていきます。

誰もが、漠然としながらも理想のイメージをもっているのではないでしょうか。しかし、現実は多くの人が願望を膨らませることの大切さを知らないので、目先の楽に流されてしまっているのだと思います。

電車の中で周りを見回してみてください。ゲームをやったり、スマホでメールを打ったり、寝たりしている人がほとんどではないでしょうか。願望が不明確だと行動も散漫になります。私は昔から理想のイメージを書くことを実践していました。いまも続けています。だからこそ、世界最高峰の目標達成プログラムを開発しようという気概が生まれているのだと思います。

ぜひ、実現してみたいことはなんでも書き出してみてください。未来を考える時をもつことは、続けることだけではなく、前向きに人生を歩んでいこうという意識そのものを刺激するからです。

一瞬のひらめきをアクションにつなげていく

私は、願望だけではなく何かを思いついたときには必ずメモを取ります。記憶力を過信しません。人間は本当に忘れやすい生き物ですから。

書く習慣がある人と、そうでない人とでは、物事に対する実行力はまるで違います。長期間続けることは難しくても、ふと思いついたときに、さっと書いて、その日のうちに実行することはできるはずです。瞬間的であっても実行力が鍛えられます。

よいアイデアは、前に進む意欲を掻《か》き立てます。ところが、意外と何かほかのことをしているときに思いつくものです。私の場合、本のテーマや講演で話すフレーズなどがそうです。

何かひらめいたときは面倒くさがらず、メモしていく。すると、見返したときにアクションへつなげることができます。

非常に地味なものですが、メモの癖はそれだけで実行力に変わっていくものです。

第7章

続けるテクニック④

〈人〉

ひとりで続けようと思わなくていい

「ここまで読み進めて続けるための方法はわかった。でも実行する自信がない……」

そう考えてしまうのであれば、まずは協力者探しから始めてみませんか?

続ける力を育むためには、協力者が欠かせません。目的はあなたの願望にあることを実現することですから。ひとりで取り組む必要はありません。積極的に周りの人の力を借りてしまいましょう。

身近に協力者が見つからなければ、お金を支払って自分以外の人にマネジメントしてもらったり、コーチングしてもらったりすることも続ける方法です。

病気になったときどうしますか？　医者の力を借りますよね。それと同じです。どうしてもダイエットできなければ、トレーナーをつけて、「今日何を食べたのか？　運動はしたのか？」とカロリーの管理をしてもらいましょう。当然、ひとりでするよりもダイエットの成功確率は大きく上がります。

協力者を探すときの最大のポイントは、分野関係なく、その仕事（道）において誠実に生きている人、もしくは自分が求めるイメージに合った生き方をしている人です。

協力を得るためには、まず自分から相手を信頼してポジティブに接することです。打算抜きで相手が求めているであろうことをストレートに表現しましょう。「こんなことをしたら嫌がられるんじゃないか」と考えるだけで、相手からもそう思われてしまうものです。

質の高い仕事をして人に喜んでもらいたいという真心のある人と関係を構築することは成功の大きな鍵です。続けることも質を求めましょう。

子どもの場合は、大人がその役目を果たします。学校の宿題はやりたくないものですが、親や先生のサポートがあるからやり遂げられます。

私の息子は合気道を習っていますが、ときどき怠けてくるのでしょう。「今日は行きたくない」と言う日があります。

そのときには、頭ごなしに「行きなさい」とは言いません。息子の協力者として話をすることにしています。

「合気道は高校まで続けるって約束だよね。人に襲われても絶対に勝てるっていう自信をもてたらいいと思わないか?」

息子は答えます。

「よいと思う」

「そのためにはやっぱり頑張ったほうがよいと思うよ。少なくとも高校に行くまでは続けたら? そこまで頑張ったら精神的にも体力的にも自信がついて違ってきてるよ」

このように息子をサポートしています。

本人の力だけではなかなか続けられません。むしろやめたくて仕方がないわけですから。それでも親がサポートをしながら続けていくなかで、少しずつ見通しをもてるようになります。すると、今度は自分の内発的動機で続けられます。続ける自信がないという人は、協力者を求めましょう。

よいチームに入って、その仲間たちと連帯感をもって動くのも効果的です。たとえば、「明日、何時に集合ね」と決められると、休むことはできません。

よいチームにいると、直接やっていることが願望になくてもチームが願望に入っているので、続ける力が出てくるのです。これを毎日積み上げていったらどうでしょうか？　よい習慣ができます。

もし、あなたの願望に入っている人が、自分の続けたいことに取り組んでいるとしたら、すごく幸運なことです。ぜひ、自分から近づいてみましょう。ただし、依存しないこと。続けるのは、〝あなた〟です。頼るのではなく、周りを巻き込んでいきましょう。

私もすべてをひとりでやっているわけではありません。任せられることは、すべて任せることにしています。もし任せて失敗したとしても、二度と任せられないとは思いません。自分にも他人にも決めつけないで、チームで達成をめざすという感覚です。

『頂点への道』講座が続いている理由も私の実力というより、よいチームビルディングの結果でしょう。自分でやらなければならないことはやるけれども、必要ないものは極力やらない。だから続くのです。

裏を返すと人間関係が希薄なところでは、十分な力を発揮できないこともあります。承認も賞賛も受容もなければ精神的な報酬も少ない。こうした認められない環境下では、続ける力は生まれにくいと言えます。

その場合は、思いきって環境を変えてしまうのもひとつの方法です。同時に、自分自身に原因がないか内省する必要があるかもしれません。

なんでこんなにうまくいかないのだろう？
相手のせいにばかりしていないだろうか？

環境が整わない要因は、自分にある場合と外にある場合があるので冷静に区分して、自分ができることに期限を決めて取り組み、その期間内に答えを出すのがよいでしょう。もちろん自己概念を下げるほど考え込んでしまうことは禁物です。同じ失敗を繰り返さないようにしっかりと分析をして、新しい環境に移りましょう。

一緒にやる人を選ぶ

やりたいことがない。楽しいことが見つからない。このような場合は「こと」ではなく、「人」にフォーカスしてみたらどうでしょうか。

誰といたら楽しいかを考えて、まずはその人と一緒に何かをやってみるのです。「行為は感情に先行する」という言葉があるように、「人」に焦点を当てて行動すれば、感情は、あとからついてきます。

気の合う人や親友に会えば気持ちも晴れるし、会話していること自体が楽しいので、行動することで得られる快適感情の味をおぼえます。一緒に行動しているうちに、「これをやってみようかな」と、自発的にやりたいことも出てくるでしょう。

すでにやってみたいことがある人は仲間を選びましょう。大嫌いな人と何かを続けるなんて苦痛以外の何物でもありません。
意思の力は本当に弱い。人間関係の濃いところならば集中もできます。継続は意思の力というのは錯覚です。すべては願望。ですから、物事を始める前にパートナーを選びましょう。

その人の「気」もポイントです。抽象的ですが、そのことが願望の中心にある人のほうが強い「気」が出ます。行動や取り組む姿勢に現れるものです。また、挫折しそうになったら、あなたの求めるイメージに合った生き方をしている人に助言を求めましょう。目上の人だから、経験があるから、こうした理由だけで正解が出るとは限りません。

類は友を呼ぶと言いますが、反対に悪い習慣に染まっている人と行動すると自分も同化していきます。たとえばギャンブルに嵌《は》まっている人と仲良くなると賭け事を始めます。なるべくよい習慣を継続している人を選ぶのが好ましいでしょう。

もちろん、パートナーとして選んだ相手にも願望がありますから、相手に別の強い願望が出てくると関心は変わってしまいます。絶対はありません。しかし、「人」にフォーカスすることは、フットワーク軽く行動するトレーニングや自分から相手を信頼する姿勢につながります。誰かと一緒に動くことから始めることで、行動力や協力者をつくる技術が高まります。

自分との約束を守る

私は、決めたことについては厳格なタイプです。自分との約束を守ることがプライドであり、私なりに求めている生き方だからです。

いったんやると決めたことは、納得がいくまでやり通します。

もちろん、いきなりその心構えができたわけではありません。試行錯誤をしながら、自分で決めたことを守って得られる達成の味をおぼえました。自分のために何かをやり遂げることにやりがいを感じられるようになるのです。自分への愛情の証とでも言えばいいでしょうか。

私の妻が妊娠したとき、無事出産できるようにと願を掛けました。酒をピタリと断ったのです。妻だけにしんどい思いをさせたくないという理由でした。効果があったかはわかりませんが、息子は元気な姿で生まれてきました。

このように、息子が生まれてくることが願望にあったことで、自分をコントロールできました。これを続けていくと、自分との約束を守ることが得意になっていきます。

約束どおりに行動するということも快適感情のひとつです。決めたことを実行すると心地よさを感じます。人との約束を守った場合も同じです。こうした癖ができると、自分との約束を果たせないときは、反対に気持ちが悪くなります。

自分に期待をかけて、そのために頑張る。自分の中で代償を払って未来の快適感情を得ることは、自己満足かもしれません。しかし、挫折しないひとつの方法です。

自分との約束を守ることで決めたことを実行する癖がつくので、他人との約束も守れるようになります。

では、約束を守るコミットメントはどうすれば高まるのでしょうか？自分自身を信じる力が土台に必要です。逆説的ですが、自分を信じられるようになるためには、日常生活で決めたことをコツコツと達成していくことです。

研修の仕事に長らく携わるなかで、一番多く聞かれるのは、「セミナーに足繁く通ってもよくならない人がいるのですが、なぜでしょうか？」という質問です。

答えは明解です。「やるべきことをやっていない」からです。すると、こう問われます。

「どうしたら、やるべきことをやれるようになるのでしょうか？」

「それは、朝早く起きて、目的・目標を見て、その目的・目標から逆算して、毎日小さな成功を積み上げることです」

「でも、朝早く起きられない人がいるんですけど、どうしたらいいのでしょうか？」

私はこう答えます。「寝てればいいんじゃないですか？」もっと言うならば「なぜ無理して起こさなければならないのですか？」です。

すると、相手は黙り込んでしまいます。でも、最後は「起きる気がなければ寝ていればいい」という答えに行き着きます。十分な準備ができていない人に、無理に何かをやらせようと思っても難しいからです。

大事なことは、やはり、ささいなことでも自分で決めて達成する習慣をつくることです。小さな実行も意識すれば、約束を守ることが快感になっていきます。

第8章

モチベーションが下がったときの対処法

セルフカウンセリングで気持ちを切り替える

「早起きすると決めたのに起きれなかった……」

こんな日はスタートから失敗したと思ってしまうかもしれません。

でも、思い出してください。マイナス思考に陥ったときには、その行動が自分にとって効果的かどうかを考えるのが有効でした。これをセルフカウンセリングと言います。

「今日は仕方がないな。そんなにすぐには生活リズムを変えられないから、明日は5分だけでも早起きしよう」と考え、気持ちを切り替えましょう。

私にもそういった本当に疲れている日があります。誰だってパーフェクトな人間ではありませんから。

そんな日には、「今日はしんどいからもう少し寝ていよう」と能動的に意思をもって寝ることを選ぶようにしています。身体が熱っぽくて風邪かなと感じたら、少し安静にしていようと思うでしょう。それと同じです。

自分の決めたとおりに動けなくても、自分はなんてダメなんだなどと思ってはいけません。頭をパーンと切り替えましょう。変えられないことに焦点を当てても効果はないからです。

もし、続けられない原因が自分の血液型や性格からきていると思っている人がいれば、「やめたければ、やめちゃえばいいよ」とアドバイスするだけです。飽きっぽく、めんどくさがり屋であれば、無理に続けるよりも本当にやりたいことを探すほうが悩む時間を浪費しないですみます。合理的に生きましょう。

大事なことは自己概念を下げないことです。あまりにも高すぎるのは問題ですが、自信をもって続けているイメージをしっかりと描き、目標達成に効果的な行動を選択していきましょう。

やる気が起きないときの対処法①〈セルフトーク〉

私はできるだけ本人の希望を尊重するようにしています。たとえば、息子が合気道に行きたくないと言ってきたら体調が悪いのか、ただサボりたいだけなのかを見極めます。

体調が悪そうだったら、「じゃあ、今日は休むか。でも来週からは絶対に休んじゃだめだよ。ずる休みじゃないよな?」と確認して休ませます。ずる休みだなと思ったら、こう言います。

「本当に具合が悪いのか? だったら病院に行こう。先生に診てもらおう。そのあとに、合気道に行こう。もし体調が悪くないのに、ただ行きたくないから言ってるんだったら、お父さんも小さいときにそう思ったことがあったけど、でも決めたことはやったほうがいいぞ。まだ間に合うから行こうか? 本当に具合が悪いんだったら正直に言いなさい。お父さんは味方だから」

すると、本人が自己評価をして、「じゃあ、行く」(あるいは本当に調子が悪いから休む)と言います。

ここで大事なことは、自分で自分を評価することです。今日は気分が乗らない。やる気が起きない。そのようなときは、セルフトーク、つまり自分自身と対話することをお勧めします。それでもまったくやる気が起きないようであれば、能動的に休むことを選ぶ。休みを選ぶことも続けていくためには必要です。

〝自分にご褒美を与える〟のも有効な方法です。私もよく使います。

「何時までに企画書をつくって休憩しよう」「今日は同僚と飲みに行くから、あと30分間集中して終わらせよう」「早めに帰って家族で食事に行こう」といったことです。

「これが終わったらご褒美が手に入る」という近い未来の快適感情を予想

し、今感じている「苦痛」を乗り越える術です。これまでに何度かお話ししていますが、今の快適感情を優先してしまいがちという人でも、少し先の快適感情ならば選べるはずです。その距離を徐々に伸ばしていけばよいのです。

さらに、締切を決めると能率がアップします。期限が決められているとやらざるを得なくなるからです。これも私がよく使う方法です。

このように脳の中には、ブレーキもアクセルもあります。その仕組みを理解し、取りかかる前から、いかにブレーキを抑え、アクセルを踏んでいられるのかを設計することが、モチベーションを維持する大きな鍵です。

やる気が起きないときの対処法②
〈細分化〉

「やらなければならないことが多すぎて、考えただけでも気が滅入ってくる……」

モチベーションはみるみる下がっていきます。このようなときは細分化して取り組みましょう。

やるべきことが100件あるとしたら、「今日は30件だけやろう。明日は少し頑張って35件やろう。次の日も同じように35件やろう」などと細かく分けて、そのときは決めた量だけに集中する。全体を考えない。

小さなことでも人は求めるものが手に入るたびに達成感を得たり、感動したりします。努力が報われれば報われるほど前に進む力が湧いてくるのです。物事を細分化することで、こうした快適感情が得られる仕組みをうまく利用しましょう。

「仕事がまったく手につかない」、「少しどころか目にするのも嫌だ」このときは仕方がありません。開き直ってわざと溜めてしまいましょう。もうやらざるを得なくなるまでとにかく溜める。これもひとつの方法です。

どうしても気分が乗らない。私にも年に1日~2日かはそういう日があります。とくに体調のすぐれないとき、強い疲労感があるときに多いようです。タスク量に精神力が負けてしまうのです。気力がないとすべてを苦痛に感じてしまい、快適感情よりも苦痛感情を避けることが優先されます。

では、ぎりぎりまで溜めたものをどうするかというと、コンディションのよいときに集中してやろうと決めておきます。何日の何時から何時までと処理する時間をあらかじめ確保して置くのです。

このとき、自分にご褒美を与える手法を併用することがあります。したいことを後回しにして、それを自分へのご褒美にし、50件終わったらやろうといった具合です。

件数ではなく、時間で区切ってもかまいません。たとえば1時間集中してやったら遊びに行こうなどと決めて、徐々に取り組む時間を延ばしていきます。

細分化の技術は、長期間の達成をめざすときにも利用できます。達成のレベルをいくつかの段階に分けて、ひとつずつ実行していくのです。達成するごとに快適感情が味わえるうえ、自信をつけながら無理なく続けていけるでしょう。

やる気が起きないときの対処法③〈フィジカル〉

「よしっ！　やろう！」

大きな声を出し、両手で両足を軽く叩き、気合を入れる。やる気の出ないときは、声を出して、身体を叩いて、気分を切り替える。

単純ですが、フィジカルに訴えるのも効果があります。私もよくやっています。「頑張ろう」と自分で自分に気合いを入れてやるのです。

自社の朝礼では、一言号令したあと、全員で声を合わせて、「せーの、頑張ろう」とサムアップのサインを出し合います。これもモチベーションを高めるための技術です。

朝礼だけでなく、ミーティングのあとにもやっています。全員で心をひとつにして、お互いの士気を高め合うことで気分を前向きに切り替える文化を大切にしています。

ひとりのときも同じです。気分が乗らないなと思ったら、「よしっ！やろう！」と声に出してみてください。重い腰を上げるきっかけになるでしょう。

飽きたら無理して続けない

飽きるとは、関心がなくなる世界です。飽きてしまったら、そのまま続けていても能率は上がりません。いったん離れるのが得策です。そこでもう一度、自分の願望を見直しましょう。

たとえば、仕事で成果を出そうと固く決心したはずの目標に対して、あきらめや挫折ではなく飽きを感じてしまっているとすれば、本当の願望がそこにはないのかもしれません。

達成困難な目標は、心の内側から成し遂げたいという魂の叫びのようなものがないかぎり、続けることが苦痛になってしまいます。もしくは、新しいステージに入るタイミングである可能性もあります。

私は以前、犬の調教にかなり力を入れていました。ドーベルマンを3頭飼い、名犬年鑑に載るぐらい、ものすごいエネルギーを費やしました。片手に犬の手綱、片手に自転車のハンドルを握って、雨の日も風の日もひたすら訓練に励むのです。

あるとき、犬が横に走り出して自転車に乗ったまま転倒し、ひどい怪我を負ってしまったときも、毎日走ると決めていたので、翌日には包帯を巻いて訓練を続けていました。

しかし、ある日スパッと飽きてしまいました。飽きたというよりも、借金返済のために犬どころではなくなったというほうが正しいかもしれません。その情熱は、家族やいまの仕事に向けられています。

きっと寂しくて、犬に生きがいを見出していたのでしょう。犬は自分を裏切らないと。そして、失敗して、反省して、仕事に向かうわけです。

飽きたらやめてしまってもかまわないと思います。嫌なことは、続きません。それよりも本当にやりたいことを探すのが得策でしょう。

私は合理的な人間なので無理はしません。「飽きちゃったんです」と言われたら、「それなら、やめればいいんじゃない」と答える人間です。

人は自分の好きなことしか続けられません。快適感情が生まれるから続けていけるのです。飽きてしまったら、苦痛感情を感じるだけです。

「飽きたな」と思ったら、いったん距離を置いて、自分の目的・目標や願望を見直してみましょう。次のステージへ上がる時期が訪れているのかもしれません。

遅れの法則を知る

「小さな達成を積み重ねて、見通しをもてるように頑張っているのになかなか成果が出ない」「だんだん続けることが苦しくなってきた」。

こうした悩みを抱える人もたくさんいます。

これは「遅れの法則」が原因です。たとえばテストの点数を前回よりも10点上げようと思って必死に勉強したが、1点しか上がらなかった。こうした瞬間に理想のイメージと現実にギャップを感じて見通しがなくなり、

■遅れの法則を知る

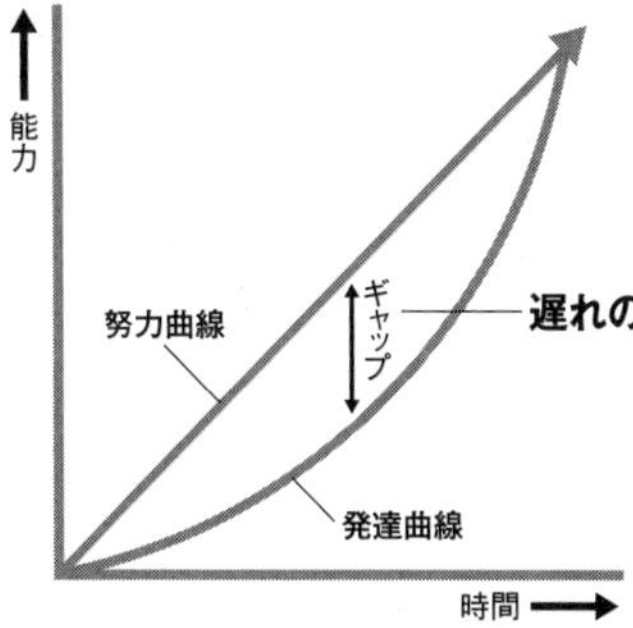

モチベーションが一気に下がってしまいます。

しかし、人はイメージどおりに成長するわけではありません。努力曲線に対する発達曲線は遅れるものなのです。遅れの法則を理解して、事前に期待の調整をすることも挫折を防ぐコツです。

じつは、この遅れ（ギャップ）に成長の種が隠されています。イメージラインと遅れの狭間には、苦しみや葛藤があります。これを乗り越えようとするなかで、続ける力が養われていきます。苦しいときを耐えてこそ、自信や力強さが生まれてくるのです。

病気になったら治ることを信じて、治療に専念しますよね？　それと同じように、苦しく時間もかかるかもしれませんが、続けていれば必ず成果は出ると信じて、よい協力者の力を借りてやるべきことを続けていきましょう。

苦しいときに、誰のせいでもないと思えるようになると、やるしかないというコミットメントができます。すべて自分の責任です。誰かのせいにしているうちは続きません。やめる正当な理由はいくらでもあるからです。

言い訳を始めたらいくらでも出てきます。私たちは、そうしたストーリーと戦っていかなければなりません。なぜなら、あきらめなければ、やがて成長できるからです。

さあ、あなたはどちらを選びますか？

「今」の快適感情ですか？　それとも「未来」の快適感情ですか？

決めるのはあなた自身です。

ラストメッセージ　続けることが価値となる

人は、自分の決断に従って生きています。

人に言われたことは、本当の決断ではありません。本当に決断していないことは続きません。いま、あなたが続けられないという悩みを抱えているとしたら、それは心から望む道ではないのかもしれません。

自分に対して正直に生きたらいいのです。自分が本当にやりたいことを探しましょう。自分がしたいことを愚直に続けていれば、やがて価値となっていきます。

一度きりの人生であることには変わりがありません。無理する必要はありませんが、悔いのない人生を生きていきましょう。


これがあなたに贈る、私からのラストメッセージです。

本書を通じて、本当に伝えたかったことです。

何かをめざす人生を送ってほしいと思います。


私は昨日も一生懸命に生きました。今日も全力で走っています。そして、明日も同じように必死に生きるでしょう。毎日、毎日、精一杯生きていると納得できる人生を過ごす。そうすれば自然と続いているのだと思います。

「今」やらないで、いつやると言うのでしょうか。

あなたが考えていることは将来そのまま現実になります。それを肝に命じて改善の日々を過ごしている人はどれほどいるでしょう。

数多くの研修をしてきましたが、継続して実行している人は本当に少ない。研修や書物は、よくある成功哲学のひとつになってしまっています。

しかし、現実に実践すれば変わることができる。巻末に載せたメモは私が独立して一番苦しかったときに書いたものです。いまではほとんど実現できました。私自身が変われました。だからこそ、実行してほしい。

人には無限の可能性があります。これが私の人材育成トレーナーを続ける原動力です。自分を信じられる生き方をしてください。私自身も向上心をもって歩み続けます。ともに限界に挑み続け、深い感動を味わえる人生をまっとうしていきましょう。

一方で、私はまだまだ自分の可能性はこんなものではないとも思っています。トレーナーとして受講生に対して生涯「あなたはできる！」と叫び続けたい。

そのためにも、自己能力開発をして必死に代償を払うことに取り組んでいます。これからも、もっともっと代償を払い続けていきたい。

やらなければならないことをつねに整理しながら、自分との約束を果たすためにベストを尽くす。

続けることで、人がどう評価するのかではなく、目の前のことにどれだけ誠実に、真剣に立ち向かっていけるかという領域になっていきます。

そこから価値が生まれてくるのです。630回を迎えた『頂点への道』講座もこれからがスタートです。

「一生続ける技術」とは、それぞれが永遠のテーマをもって、代償を払いながら追い求める真の実践にほかなりません。

2016年7月吉日

青木仁志

文庫版
新章

自分の人生を
コントロールする技術

続けるにはパターン化するしかない

長年やろうやろうと思っていて、重い腰が上がらず、最近ようやく再開したことがあります。ゴルフの練習です。結婚して家族ができてからは、子どもと過ごす時間を優先したくて、年に1、2回くらいしかラウンドしませんでした。

当然OBになったり、ボールは思いどおりの方向に飛ばない……。うまくいかないので自信を失い、ますます劣後順位に置いてしまいました。

子育てもひと段落し、会社も基盤ができてきて、そろそろ六十の手習いだと思い、コーチを付けて本格的に練習を始めました。

「毎日10分でも必ず練習の時間を取るように」

コーチからそう言われたとおりに練習しています。どんなに忙しくても。1年経たずに、ハーフ50を切るまで上達しました。

何かを続けようと思ったとき、したりしなかったりすると継続しません。日々突発的なことが起こり、さまざまな誘いがあります。それでも続けると決めたことは毎回少しでも手を付けましょう。

「10分練習してうまくなるの?」なんて考えず、とにかく日常生活のなかでパターン化することをめざす。すると、毎日練習しないと気持ちが悪くなってきます。この段階まできたら自然と続いています。継続の秘訣は?毎日、徹底的に続けることです。

セルフコントロールの源にあるもの

決めたことをひたむきに続ける。その原動力はなんでしょうか？　シンプルに欲望です。目先の欲が動機でも、最善を尽くせば成長できます。

私の場合は、「（貧乏だから）豊かになりたい」「（家柄や学歴がないから）結果を出して能力を証明したい」「（孤独だから）仲間が欲しい」という劣等感をバネに、マネー、メダルを追い求めました。それがわかりやすく「トップセールスマンになる！」という目標でした。願望が明確であったからこそ、自制が働いて昼も夜もセールス活動に明け暮れました。

世の中には人生の目的が定まっていて、その方向性にコツコツと努力を積み重ねているという人のほうが少ないものです。

まずは目の前の仕事で誰よりも卓越すること、結果を出すことを目標に続けてみましょう。自然に実力がつき、チャンスが回ってくるようになります。周りから力があると認められることで「こんなことをやってもらえませんか?」と頼まれごとが増えます。

その期待に応えようとして、また懸命に取り組んで、さらに大きなことができるようになる。こうしてチャンスが雪だるま式に増えていきます。努力も続いていくのです。

例え「貧乏は嫌だ」「劣等感を克服したい」という負のエネルギーが源にあっても、動機より続けるほうが重要です。

力なき愛は無力。能力がなければ、多くの人を救うことも、社会をよくすることもできません。高尚な考え方に至るまでは動かないよりは、自己実現を目的に今すぐ行動したほうが、実力もつくのでずっとよいと思っています。

人間は、自分中心に物事を考える生き物です。自己を満足させようと続けてみましょう。すると、うまくいかないことに直面します。悔し涙を流します。打ち砕かれます。そこで己の未熟さ、無力さ、甘さを知ります。

私が営業力を自信に会社を興したものの、経営者としては未熟で創業後すぐに倒産の危機を迎えたのは、本書で述べたとおりです。毎月300万円～400万円の手形を決済する日々が続きました。財務が安定するまで10年かかりました。

今、右肩上がりの成長が続けられているのは、その下地があるからです。

挑戦し、困難を乗り越えた先に成長があり、その遥か先に成功があります。

大人になったら、周りは何もしてくれなくて当たり前です。何かに挑戦したら、他人様にやってもらえることなんて、じつはなかったのだと気づくのです。だからこそ、感謝が生まれます。

自分はひとりの力で生きているのではない。多くの人に支えられ、周りがリスクを背負ってくれているから、いまの仕事、いまの人生が歩めているのだと気づけば、自分もまた世のため人のために、精一杯尽くそうという心が育まれていきます。言葉にしてしまえば簡単です。ただ、この深いレベルでの気づきは実行した人にしか理解できません。

ですから継続しましょう。続けていけば、最初は自分を満足させる目標に対してセルフコントロールしていたものが、人生の目的に対してセルフコントロールできるようになります。

私も欲はあります。ただ、能力開発の専門家として「人はなりたい人間になれる」「必ずよくなれる」と死ぬまでメッセージし続けるでしょう。70歳になっても80歳になっても能力開発を続けて、トレーナーとして高みをめざし続けるでしょう。「そこまでしてやる必要はない」なんて気は毛頭ありません。この生き方そのものがおもしろくなっているのです。

続けていれば上達します。それでも進化しようと思えば、どうやっても壁にぶつかります。一番恐れなければならないのは、挑戦を恐れる心です。転ばないようにすればするほど、伸び悩みます。たくさん挫折したらいいでしょう。挫折は失敗体験ではなくキャリアです。

一生続ける技術

なぜ親は子どものために毎日食事をつくり、身の回りの世話をするのでしょうか？　自分の子どもだから？　生きがいだから？

なぜ心ある上司は部下の相談役となり、親身に仕事を教えるのでしょうか？　管理者としての責任があるから？　チームのノルマ達成のため？

なぜ一流の営業マンは商品を売ること以外でお客様を支援し、貢献し、ビジネスを超えたパートナーになりえるのでしょうか？　紹介をもらうため？　自社の新しい商品・サービスを買ってもらうため？

真実はわかりません。しかし、相手を幸せにしたい、喜んでもらいたい、期待に応えたい。こうした想いから利害を超えて行動した経験は誰にでもあるはずです。これこそ愛による行動です。愛のために動けば、自ずと生き方に自制が生まれます。

きれいごとではなく、私たちは一人ひとりが自己実現をめざしながら、他者とともに生きています。会社を30年経営して社員は140名を超えました。その8割は人生ではじめて働く職場をアチーブメントに選んでくれた新卒社員です。

「この会社でチャンス、自己実現の舞台を与えてもらっています。働きがいを見出し、自分の成長に合わせた豊かさをこの会社の中で成就することができています。ともに歩めて幸せです。ほんとうありがとうございます」

社員がこう言ってくれるかどうかは私のコントロール下にはありません。しかし、皆に喜んでもらえるような組織体をつくらねばならない。経営者であらねばならない。そうした責任感にひしひしと支えられて生きているという感覚があります。

経済的な安定を得たから、引退しようなんて考えられません。縁ある人を幸せにしたい。青木と付き合って損したとは思ってもらいたくない。だからもっとよい組織をつくろうという気持ちが湧きあがってきます。

これは愛であり、私の自尊心でもあります。よき経営者でありたい、よき父でありたい、よき夫でありたい、よき友人でありたいし、愛する人を幸せにしたいのです。

「○○さん（あなたの名前を入れてください）はどんな人ですか？」

こう質問されたら、あなたの親は、配偶者は、子どもたちは、友人は、上司は、同僚は、部下は、お客様は、なんと言うでしょうか？

近しい人たちが自分をどう表現するかを想像して、自分の求める生き方、大切にしたい生き方に照らし合わせて、一致できるように日々研鑽を積んで生きる。自分の理想とする人物像、生き方に近づこうとすることで、セルフコントロールができるようになります。これが一生続ける秘訣です。

1日を大切に生きることから始める

「人のためになんて頑張れません。毎日会社にこき使われて、周りの人間は自分のことしか考えず、要求ばかり。自分を守るだけで精一杯なんです」

こういう人もいるかもしれません。人に恵まれないこともあります。環境も簡単に変えられない状況なのかもしれません。

大事なのは、どんなときでも人生の舵を握っているのはあなた自身だと忘れないことです。なぜなら幸不幸は事実ではなく解釈だからです。

やらされているという義務感、閉塞感、強制感……。こうした精神的なプレッシャーは本人が感じているものであって事実ではありません。自分の心がそうした価値観の世界をつくっています。人は「してもらって当たり前」がどこかにあるときに不平不満が生まれます。

「働かされている」「やらされている」というのは事実でしょうか？　ほ

んとうに嫌だったらやめればいいのです。

職を失ったら、食べていけなくなる？　だったら、いまの仕事を続けるしかないでしょう。少しでも良好な人間関係を築くために「わかってくれ」「察してくれ」といった「してもらうこと」ではなく自分から働きかける責任があります。なぜなら、人生の舵は、あなたが握っているからです。どちらへ向かうかはあなたしだいです。

受け身になると、行動がストップします。本質的には続かないのは意思の弱さではなく、人生の被害者になってしまうからです。

時間は待ってくれません。不満があっても、苦しくても、それは人生の一部。そう考えて、真正面から問題と向き合い、できることから行動を起こさなければ、事態は好転しないでしょう。

それはとても苦しいことです。だから、まずは1日を自分の管理下に置きましょう。その先のことは考えなくてもかまいません。

自分にとって大切なものは何か？　大切にしたい生き方は何か？　それを1日大切に生きられるように過ごすプランを立てましょう。

他人は変えられません。環境も容易には覆せないかもしれません。でも、毎日を自分が描いた理想の1日と一致させるように生きることは誰にでもできます。その積み重ねが、いまの状況を少しずつ変えていきます。

「続けよう！」と気負わなくても、日々大切にしたいものを大切にして生きるだけです。状況は変わらなくても、よりよく生きるための効果的な行動を選択し続けることはできます。

どんなに忙しくても続ける秘訣

では、1日を大切に生きるとはどういうことでしょうか？

その前に、私たちは「時間とは命である」ことを忘れがちです。1日、1時間、1分、1秒が自分の命を燃やしているのだとしたら、何に時間を費やすのがふさわしいでしょうか？

この話をしたときに、ある人からこんな答えが返ってきました。

「今の仕事は順調で、十分な収入があり、家庭も円満です。ただ、英語を話して仕事の幅を広げたいと昔から思っています。

でも、いままで何度も英語学習に挫折してきました。毎日朝から晩まで働いていて、休日は家族サービス。自由な時間なんてない生活です。唯一ある自分の時間は深夜に帰宅して夕食を食べる1時間です。気晴らしに録りためたテレビドラマをボーッと見ています。この時間は息抜きにどうしても必要なんです。いまの生活では何かを始める余裕も、削れる時間も全くありません」

忙しい。日々精一杯だ。浪費している時間なんてない。それならそれで何も遠慮することはありません。

3章で「やめるべきことリストをつくりましょう」と述べました。これは何かを犠牲にして、新しいことに時間を割くということではありません。「無駄な時間だ」「たいしてやりたくもないな」と思い当たる時間の使い方をしていないか、だらだらとパターン化している行動があれば、さっさとやめてしまったほうが得策という意味です。

ドラマが生きがいなら見ればいいし、英語を学びたければ英語の勉強もしたらいいのです。ただ翌日の朝はベストコンディションで起きられるように、夜は甘いものを食べずに寝る、朝起きたら冷たい水で顔を洗う、シャワーに入ってしまうなど、少しの努力をしたほうが快適に過ごせるでしょう。私は翌日の支度をすべて終えてから就寝しています。すると、翌朝がスムーズに進みます。

もし、ドラマを見る目的が「頭をクリアにすること」であれば、湯舟のお湯をぬるめにしていつもより長く浸かってみる、眠れなくても部屋を真っ暗にして軽く目を閉じてじっとしてみる、近くの公園まで軽く散歩をする。これ以外にも方法はないでしょうか？　違う手段が見つかれば、1時間のリフレッシュタイムをもっと短くできるかもしれません。

続けるためのキーワードは楽しむことです。「ねばならない」に縛られているうちは続きません。私は人材教育の仕事以外にも、出版事業、飲食事業、健康美容事業、オペラの振興まで多岐に渡った活動をしています。これだけ違うことをしていても、すべて楽しんでいるので、忙しさは増しても前向きに取り組んでいます。

毎日やることが多くて、続けたいことがあっても時間を捻出できないとフラストレーションが溜まります。1日の終わりは自分を回復させることに精一杯で、ほんとうにやりたいことはいつまで経っても手がつかない。そういう人は、一旦続けることは横に置いて、まずは、朝起きて会社に出るまでのプランを立てることから始めましょう。

必要なのは、前向きに時間を管理していく意識を高めることです。慣れてきたら出社後、午前中にやるべきことを組み立てる。それもできてきたら、退社後から寝るまでのあいだにやることを考える。徐々に丸1日のプランが立てられるようになります。

スケジューリングができるようになったら、その日1日考えたとおりに実行できたかを振り返ります。そして、もっとよい方法がないかを考えて、翌日のプランを練るのです。

この思考パターン、行動パターンが手に入れば、時間に追われる生活から脱け出し、時間を追って過ごせるようになります。

生産と消費の時間を算出する

なぜやるべきことに追われてしまうのか？　ほとんどの人にとって、1日の大半を占めるのが仕事の時間です。働かずに生きられたら、どれだけ時間的なゆとりができるでしょう。

生活を維持するためにはお金が必要です。余暇を過ごすのも、何かを楽しむのにもお金が要ります。ただ、そのお金は時間がなければ生み出せません。時は金なり。私たちの手持ち時間は、お金を生み出すか（生産）、お金を使うか（消費）の2種類しかありません。

時間の使い方をオン（生産）とオフ（消費）に分けて、生産のときはできるかぎり付加価値を生み出せるように全力投球する。消費のときは何をしても自由。そうしたメリハリが生活に必要でしょう。

生産しなければ消費に回せません。消費を増やしたければ、生産の時間を増やすのです。「収入が上がらない」「給料が低い」と嘆いてもお金は増えません。

自分の生み出している付加価値は感覚ではなく、事実で知るべきです。自分の仕事はいくらの粗利益をつくっているのか。そこから会社のブランド力、関係部署の貢献、上司の支援など、すべてを差し引くと正味で自分の稼ぎが出ます。

正確には算出できなくても、この感覚が大切です。たいていは同僚がいくらもらっているか、上司がいくらもらっているか、他者と比較して自分の貢献度から給料を考えます。それでは純粋な付加価値はわかりません。

もし給料以上の価値を生み出していたら、会社にファンドされています。3年平均で維持できれば必ず昇進・昇格できます。去年は振るわず、今年はよかったのであれば、その平均値が自分の実力です。
ファンドしながらより大きな責任を担える立場に昇進することで収入もついてきます。報酬は責任に比例します。

不平不満を言う人、やらされている感覚で働いている人、数字の感覚がなく自己主張しかしない人は、責任者の下にいる人間の思考を自ら選んでいます。

ビジネスパーソンとしての報酬はどれだけ付加価値のある仕事ができるかで判断されます。給料は周りに対する貢献度を計るバロメータなのです。大きな責任を担える人材とは、生産する力がほかの人よりも高いと言えます。厳しい現実ですが、それが社会のルールです。

収入を上げたければ、生産力を高めながら、生産の時間を増やすことです。人間は20歳を過ぎたら、自分で人生の舵を取るしかないのです。消費するばかりで、不平不満を口にしている人は苦労します。周りの人は親ではないので、あなたの面倒は見てくれません。

もし身近な人（部下や同僚）に数字の感覚をもたせたければ、どうするべきでしょう?

放っておきましょう。人間は自然界のなかで学習します。理解できないことを理解しろと言っても無理な話です。消費ばかりして行き詰れば、自分でやるしかないとなります。

付加価値の高い人間になるために

報酬を上げたいけれど、責任は負いたくない。それが人間の心理です。なぜ責任を負いたくないのか？　本質的には自分を信じられていないからです。大きな責任を担える自信がない。そこで、行動しないで自己正当化や言い訳に逃げ込む。もしくは自己概念を下げてあきらめてしまう。どちらも成長・発展していく人生にはなりません。

うまくできることなら、どんどんやってみようと思えます。たとえば営業力に自信があれば、もっとお客様に貢献しよう、この分野でもっと価値ある存在になろうと努力します。こうして、できるセールスパーソンとできないセールスパーソンの差は開いていきます。

ただ、繰り返します。現実はあなたの捉え方にあります。今、自信がなくても、トップセールスならどんな行動をするのか、トップマネジャーならどんな働き方をするのかを考えて行動してみましょう。「私には価値がある。私には価値がある」と言い続けて、自分を奮い立たせるのです。

行動して成功体験を繰り返せば、うまくいくことが当たり前。うまくいかないことが考えられないという思考になります。自信がつくことで続ける力が強くなり、成長も加速します。その先に昇進・昇格があります。

私が29年前に会社を興したときは社員5名、資本金5００万円でした。どうしたら1００億円企業になれるのか、1００億円企業の経営者はどんな働き方をしているのかを考えて、現在約3分の1まできています。あと11年で1００億円を実現するイメージがあります。

これは若いときに、40年くらいはかかると思ったからです。もし10年で達成しようと思っていたら、また違う事業展開になったでしょう。

ただ失うものもたくさんあったはずです。子どもたちの運動会に全会出席できたのも、5つの欲求をバランスよく満たしながら過ごせているのも、40期で実現すると目標設定したからです。

人はその人の考えているとおりの人間になります。あなたの思考の中に未来があります。ですから、目標を立てましょう。なりたい自分の姿を描きましょう。それを得るためにはどんなことをしたらいいのか？　周りにすでにうまくできている人はいませんか？　その人を手本に、自分なりの成長を積み重ねましょう。

突発的な出来事にどう時間管理をするのか？

段階を追った成長をめざしても、緊急対応しなければならない事柄は、日々目まぐるしく起こります。予定どおりに1日を終えられることのほうが珍しいでしょう。突発的な出来事が起こるとプランが狂います。どう対処すればいいのでしょうか？

私は緊急案件が入ってきても、最終成果までイメージできなければ手を付けません。「どのくらいの時間をかければ仕上がるか」「何時から何時までのあいだに処理できそうか」がイメージできないものは後回しにします。そして、イメージできたときに取り組みます。

つまり「何かをやり始めたということはうまくいくことになっている」のです。とりあえずやってみようとはしません。

加えて、同時並行で処理できないかを都度考えます。たとえば、打ち合わせが必要になったら、昼食をお弁当にして社内でランチＭＴＧを開く。移動がなくなるので30分確保できます。さらに、関連する部署の人間も同席させてその場で決裁していきます。

また、仕事する相手も注意深く選びます。この人との仕事は時間がかかりそうだと判断したら、サッと違う担当者に変えてしまいます。なあなあの付き合いは続けません。

仕事のできない人間に長い時間は取りません。育成は大事です。ただ、その人の人生＝資質×環境×本人の選択と定義しているので、本人が求めているかどうか、どういう選択をしているかをよく見ます。

ほんとうに成果を出したい、成長したいと望むならば、常日頃そのことが頭にあり、答えが自ずと与えられます。つまり、すでにキャリアのある人、資本力のある人、信用力のある人を見習って、その人たちの力を借りられるような仕事をしたほうがよいに決まっています。

それゆえ、世の中で優秀と見られる頭の切れる人たちが、ほんとうの意味で優秀であるとは限りません。人を喜ばせられる人間が、他者を協力者とし、双方勝利しながら次のステージに一緒に上がっていけるのです。

人を大事にすればするほど、その人の後ろにある金脈、人脈が掘り起こされます。そのマスターキーには「信用」という名前がついています。人は信用できる人間としか仕事をしません。そして、信用はふたつに分かれます。適正能力と人柄です。両方のレベルに合った人たちと私たちはそれぞれ付き合っています。

そこまで努力して自分を高めたいとは思わないという人たちには、そこそこほどほどの金脈、人脈をもった人たちが集まります。ほんとうに成功したいと願えば、成功者との付き合いが深まります。なぜなら、成功者と同じ考え方、時間の使い方、人との接し方、能力開発への取り組み方に変わっていくからです。

だから私はどんな世界でも10年間は下積みが必要だと言っています。適正能力と人格を磨いて20代、30代の努力が40代に実を結ぶ。その背景があるから50代、60代に花が咲く。

容易い儲けほど難しいものはない。成功に偶然はありません。始めるなら早いほうがいい。若いうちに「やる！」と決めて、キャリアを積んでいく人間ほど明るい未来が待っています。

続ける先にあるもの

予測できないようなことが毎日起こります。楽しそうなこと、快適感情を味わえそうなことが次から次へと現れます。継続の障害は身近なところに溢れていて、私たちは流されます。誘惑に負けます。

どうしたら目標に対する意欲を高めることができるのか？　セルフコントロールできるのか？

ボイスレコーダーに目標を吹き込んで目覚ましのアラーム代わりにする。部屋の壁に、天井に、紙に書いた目標を貼って目に入るようにする。手帳にもノートにも目標を書いておいて口にも出す。古典的ですが、脳に刺激を与え続けるこれらの方法が一番効果的です。

目標がつねに頭に浮かんでいると、自然にどうしたら目標達成できるか考えるようになります。実行できるアイデアがひらめいたら、あとは行動に移すだけです。

もちろん、うまくいく保証はありません。むしろ何度も失敗するでしょう。そのたびに這い上がる。折れそうになっても、なんとか踏ん張って少しずつでも続けていれば、いずれ必ず達成できます。願望実現したらまた新しい目標を打ち立てて挑戦する。その繰り返しです。

いきなり大きなことをやろうとしなくていいのです。大きなこととはできないことです。どんな大成功も小さな成功の積み重ねから成り立っています。小さなことを積み上げないかぎり、大きなことは成し得ません。大きな成功とは小さな成功の集大成。だから、まずは自分なりのペースでいい。できることを実行するのです。

ここまで述べてきた「目標を立てる」「挑戦する」と聞いて、たいそうなものをイメージしてしまったかもしれません。でもこれらは誰にでもできることです。私たちは、なぜ目標を立てるのでしょうか？　なぜ挑戦するのでしょうか？

まだ見ぬ自分と出会うためです。そのために能力開発するのです。目標を立てて挑戦するのです。「自分がどのくらいできるのかを知りたい」「可能性を探ってみたい」という好奇心を大事にしてください。それが私たちに与えられた続けるための本能です。

未見の我に気づくために、挑戦を恐れず、目標達成に向けて行動し続けましょう。熱く本気で生きましょう。その先に、成長があります。その遥か先に新しい自分との出会いが待っています。

巻末
付録

自分自身との
誓約書

これはわたしが37歳のときに書いた「自分自身との誓約書」です。会社を設立して7年目、経営的にも一番苦しかった時期です。千代の富士関の引退記念プログラムの失敗で生まれた、多額の借金を返済している最中です。

そんな時期だったからこそ、自分の愚かさを心底味わい、今日という日を境に変わろうと強く決意したのです。

選択理論では、人間がコントロールできるのは思考と行為だけです。「自分の上司は自分。毎日この誓約書を読み、このとおりにやれば必ずうまくいく」と自分自身に暗示をかけ続けました。

『自分自身との誓約書』

私、青木仁志は本日をさかいに家族に金の苦労をさせない人間になることをここに誓約します。

そのためには一日一分常に目標を意識し、目標達成のための具体的な行動計画を立て、その実現に向けてプライオリティーを決定し、最もお金に結びつく効果的な仕事をしていきます。中途半端な自己満足を捨て、仕事とお金が直結した良質の仕事をしていきます。まず現状を改善するには、千代の富士プログラムの在庫の完売と自分自身のセミナー商品の内容の充実がテーマとなります。「成功心理学講座　頂点への道」という商品名で月間500

名受講体制に向けて全力を尽くしていきます。

（中略）

最高の品質のセミナーを適正価格で1人でも多くの人に受講していただき、多くの人々に真の成功への道である目標設定とその達成法を学んでいただくチャンスにすべてをかけていきます。

私は神様の栄光の為にも自分を幸福にし、家族を幸福にし、私に関わるすべての隣人を幸福にする責任があります。私は責任ある行動をします。今日を境に現実主義者となり、とにかく効果的な仕事をします。1時間1２５００円の最低6倍の７５０００円を1時間当たりの責任付加価値売上と自覚し1日60万の粗利を生み出す仕事を創造していきます。これが私の幸福へ至る唯一の道です。私は必ずやり通します。

1993年5月18日

青木仁志

当時の私には、自分が自分の指導者となって努力していく以外に道を切り拓く術はありませんでした。

売上よりも借金が多かった時代です。毎月、資金調達に追われていたからこそ、毎日この誓約書を読んで自分をモチベートしていたのです。

ふりかえってみると私は20代のころから、こうした文章を好んで書いてきました。それはいまも変わっていません。

頭の中で考えていることや思っていることを文章に書き出してみると、やるべきことがはっきりしてきます。あとは自分自身と約束を交わし、達成に向かって行動し続けるだけです。

ここで紹介した「自分自身との誓約書」はたった1枚の紙切れにすぎませんが、これによって、「思考」と「行動」を目標達成に集中させることができるようになります。

思考と行動のコントロールができれば、続けることはそう難しいことではありません。継続は実行力を高め、あなたを逞《たくま》しく成長させてくれます。

ぜひ、あなたも「自分自身との誓約書」をつくって、毎朝、声に出して読み上げてみてください。

自分自身との誓約書

1993.5.18

私、青木仁志は本日をさかいに、家族にお金の苦労をさせない人間になることをここに誓約します。そのためには一日一分毎に目標を意識し、目標達成のための具体的な行動計画を立て、その実現に向けてプライオリティーを決定し、長期お金に結びつく効果的な仕事をしていきます。中途半端な自己満足を捨て、仕事とお金が直結した、本当の仕事をしていきます。まず現状を改善するには、単価の高いプログラムの在庫の完売と自分自身のセールス商品の内容の充実がテーマとなります。「成功への先手講座、頂点への道」という商品名で1ヶ月500万円受注体制に向けて全力を尽くしていきます。その為には営業力のあるMCの開拓が最も効果的な方法です。マーケットとしては社会人を対象にした各種学校との提携、2.大手税理士事務所との提携 3.FC本部に対する営業 4.フルコミセールス部隊を持っているセールス組織との提携 5.コミュニケーションビジネスのトップディストリビューターの活用によるその組織への大量普及。6.年代の高いファンの社長へのセールス活動による10名代理店の開拓 7.小さなナポレオンヒル代理店の開拓とサポート。8.元気な代理店等 ピラミッド型事業部を新設できる企業との提携 9.受講生に対する10名代理店の可能性の追求。

10.事業説明会の定期開催による一般企業との提携 等の方法を通して私は、1993年12月31日までにシニア代理店(50セットセット)を20社、もしくはジュニア代理店(10セットセット)を100店舗開拓します。

私は自分の能力を結集してこの可能性に挑戦します。

※ 6月中旬 ミニアム代理店 3店舗 外 ジュニア代理店 14店の開拓をやりとげます。

このためへなすべきこと すぐれた企画書の作成、代理店に対する具体的な事業プランの提示、
販売マニュアルの整備、すぐれた営業スタッフと代理店教育フォロースタッフのリクルート、
及び育成、安定資金（運転資金）の獲得、販促ツールの整備、マスプレ要員を
の育成（このセミナーはマスプレで広げるのが効果的である。＋個人フォロー）をおしすすめ、

日夜、このことにエネルギーを集中します。打開策が営業力のあるミニアムMCの開拓、
これに尽きます。ますますの成長して（38%）とことん援助させてもらい、
これらも満足させていただく この契約が重要です。私はトレーニング生活
の時間以外は全てこのためにもこのMC開拓に全力をそそいでいます。
最高の品質のセミナーを適正価格で1人でも多くの人に参加していただき、
多くの人々に夢の成功への道である目標設定とその達成法を学んでいただくチャンス
にすべてをかけています。

私は御社の繁栄の為にも自分を幸福にし家族を幸福にし、私に関わる
すべての隣人を幸福にする責任があります。私は責任ある行動をします。
今日を境に理想主義者となり、とにかく効果的な行動をします。
1時間12500円の報酬6倍の75000円を1時間当りの責任付加価値目標とし
と1日60万の利益をもたらす仕事を創造しています。（1419万5000万の利益をもたらす。直接2500万を上げ…）
これが私の幸福へ至る唯一の道です。
私は必ずやり通します。

1993年5月18日
青木仁志

自分自身との誓約書

年　　月　　日

名前

青木仁志（あおき・さとし）

1955年3月北海道函館市生まれ。10代からプロセールスの世界に入り、国際教育企業ブリタニカ、国内人財開発コンサルティング企業を経て1987年、32歳でアチーブメント株式会社を設立、代表取締役社長に就任。

自ら講師を務める公開講座『頂点への道』スタンダードコースは講座開講以来25年間で636回開催、新規受講生は31,000名を超え、国内屈指の公開研修となっている。その他、研修講師として会社設立以来延べ34万名以上の研修を担当している。

2010年から3年間、法政大学大学院政策創造研究科客員教授として、講義「経営者論特講」を担当し、法政大学大学院　坂本光司教授が審査委員長を務める「日本でいちばん大切にしたい会社大賞」の審査委員も務めるなど、中小企業経営者教育に力を注いでいる。

著書は20万部のベストセラーとなった『一生折れない自信のつくり方』をはじめ、『「うまくいかないあの人」とみるみる人間関係がよくなる本』など48冊。うち10点が海外でも翻訳され刊行中。

代表取締役社長を務めるアチーブメント株式会社は今年29期目を迎え、新卒学生が2万名以上エントリーをする人気企業に成長し、2013年2月に日本経済新聞にて掲載された就職希望企業ランキングで総合93位、業種別では情報、広告、レジャー、ソフトウェア、教育などを含む「サービス業・その他」として13位にランクイン。

近年では、80歳でエベレスト登頂を果たした冒険家の三浦雄一郎氏のMIURA EVEREST 2013 Projectスペシャルサポーター、また、全日本F3選手権のパートナーとしての若手ドライバー育成など、目標達成に関わる個人と法人の皆様の支援に携わっている。

その他：法政大学大学院　政策創造研究科　客員教授（2010年～2013年）
一般財団法人　日本プロスピーカー協会（JPSA）代表理事
一般財団法人　ウィリアムグラッサー記念財団　理事長
人を大切にする経営学会　常任理事
日本でいちばん大切にしたい会社大賞　審査員
一般財団法人　東京メトロポリタンオペラ財団　理事長
一般社団法人　日本ビジネス選択理論能力検定協会　会長
一般社団法人　日本ゴスペル音楽協会　常務理事
認定非営利活動法人日本リアリティセラピー協会　専務理事
医療法人社団友志会ララクリニック美容内科・皮膚科　常務理事
社団法人日本ペンクラブ　正会員・国際ペン会員
東京中央ロータリークラブ会員

ブログ：http://www.aokisatoshi.com/diary
フェイスブック：https://www.facebook.com/achievementaoki

この本を読んでいただき、ありがとうございました。
ご質問等がある方は、下記のメールアドレスまで
何なりとお寄せください。
皆さまとの出会いを楽しみにしております。

青木仁志
Email: speaker@achievement.co.jp

アチーブメント出版
公式ツイッター　@achibook
公式フェイスブックページ　http://www.facebook.com/achibook

一生続ける技術

2016年（平成28年）8月2日　第1刷発行

著者 ―――― 青木仁志

発行者 ―――― 塚本晴久
アチーブメント出版株式会社
〒141-0031　東京都品川区西五反田2-1-22
プラネットビル5F
TEL 03-5719-5503／FAX 03-5719-5513
http://www.achibook.co.jp

装丁・本文デザイン ―― 轡田昭彦＋坪井朋子
カバー写真 ―――― ©dkey/a.collectionRF/amanaimages
編集協力 ―――― 津村匠
印刷・製本 ―――― 大日本印刷株式会社

ISBN 978-4-905154-94-5

青木仁志の本 大好評発売中!

一歩前に踏み出せる勇気の書

どうすれば自ら行動を起こし、最高のパフォーマンスを発揮できるのか。未知なる世界に対する恐怖を克服し、チャレンジできるのか。28万名の研修実績に裏打ちされた「行動力」を高め、「成果」を生み出す秘訣。

■1300円(税抜) 四六判・並製本・192頁 ISBN978-4-905154-21-1

目標達成の技術

トップアスリートから一流タレント、上場企業経営者まで受講者数25000人超!「個人と組織の目標達成」を支援する21年続く人気講座のエッセンスを凝縮!

■1400円(税抜) 四六判・並製本・288頁 ISBN978-4-905154-31-0

「うまくいかないあの人」と

みるみる人間関係がよくなる本

30万人が変わった研修のエッセンス「選択理論」で最高の人間関係を築くコツを伝授します。

■1300円(税抜) 四六判・並製本・256頁 ISBN978-4-905154-60-0

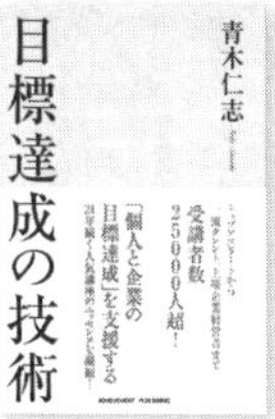